Alain de Benoist

Abschied vom Wachstum

JF Edition

Alain de Benoist

ABSCHIED VOM WACHSTUM

Für eine Kultur des Maßhaltens

JF Edition

Buchgestaltung: Vera Wischnewsky, Satz: Daniela Lemke
Gesetzt aus der Warnock Pro und Real Head Pro
Druck und Bindung: CPI books

Aus dem Französischen übersetzt von Silke Lührmann

Bibliographische Information der Deutschen Nationalbibliothek

Die Deutsche Nationalbibliothek verzeichnet diese Publikation
in der Deutschen Nationalbibliographie; detaillierte bibliographische Daten sind
im Internet über http://dnb.dnb.de abrufbar.

ISBN: 978-3-929886-91-7

Hohenzollerndamm 27 a, 10713 Berlin

Inhalt

Vorwort zur deutschen Übersetzung

Dieses Buch zur Wachstumsrücknahme ist zuvorderst ein Plädoyer für das rechte Maß in allen Dingen des menschlichen Lebens – und somit eine radikale Kritik der Maßlosigkeit, der *hybris*, wie die Griechen sie bezeichneten. Es wurde geschrieben, bevor im Herbst 2008 die weltweite Finanzkrise losbrach. Insofern als diese Krise vortrefflich die Natur wie die Folgen ebenjener Maßlosigkeit auf dem Gebiet der Finanzwirtschaft veranschaulicht, erscheint es geboten, darauf in einem eigens für die deutsche Ausgabe verfaßten Vorwort einzugehen.

Oft heißt es, der Kapitalismus sei synonym mit der Krise, er speise sich aus den Krisen, die er auslöst – ja, seine »Anpassungsfähigkeit« wird als grenzenlos betrachtet, so als sei er unzerstörbar. Tatsächlich muß zwischen zyklisch-konjunkturellen und systemisch-strukturellen Krisen unterschieden werden. Zu letzteren kam es 1870/93, dann wieder im Zuge der Großen Depression von 1929/30 und erneut in den Jahren von 1973 bis 1982, als in den westlichen Staaten eine strukturell bedingte Arbeitslosigkeit aufzutreten begann.

Die Wirtschaftskreisläufe, die Ökonomen wie Nicolas Kondratieff (1882–1930) oder Joseph Schumpeter (1883–1950) beschrieben haben, entstehen als Teil der »langfristigen« Geschichte (Fernand Braudel). Die von Kondratieff bereits 1926 nachgewiesenen Zyklen dauern vierzig bis sechzig Jahre an und zerfallen in zwei Phasen. In der aufsteigenden

Phase A werden die Gewinne grundsätzlich durch Produktion erzeugt, in Phase B dagegen muß der Kapitalismus zum Finanzkapitalismus werden, um weiterhin seine Gewinnspannen steigern zu können. Zunehmend wird Kapital für Spekulationsgeschäfte auf die Zukunft eingesetzt und verliert seine Funktion als notwendige Investition in die Arbeit.

Phase A steht im Zeichen der Erfindung und Verbreitung zahlreicher Innovationen und geht einher mit einer stetigen Zunahme zur Behauptung der eigenen Position gegenüber der Konkurrenz. Das führt zu einem Anstieg der Preise wie der Zinssätze, der wiederum das Vorspiel zum Eintritt in Phase B bildet. In dieser absteigenden Phase kommt es zu einer massiven Verschuldung sowohl der Staaten als auch der Haushalte. Parallel zur Überakkumulation des Kapitals wird die Verstärkung der Finanzmacht zum entscheidenden Antrieb jeglicher Strategie zur Erhöhung der Renditen. Im Endstadium platzen die Spekulationsblasen der Reihe nach, die Arbeitslosigkeit steigt, die Unternehmenspleiten nehmen zu. In einem Klima der allgemeinen Wertvernichtung (Verfall der Aktienkurse, Schließung der Unternehmen oder Fabriken mit den niedrigsten Gewinnspannen) gerät die Wirtschaft in den Zustand der Deflation. Das System wird dadurch chaotisch und unkontrollierbar, politische und soziale Unruhen verschärfen die Situation noch.

Viele Wirtschaftswissenschaftler gehen davon aus, daß wir uns derzeit in der B-Phase eines Zyklus befinden, der vor etwa 35 Jahren begann. Die weltweite Finanzkrise, die 2008 in den USA begann, wäre somit eine strukturelle Krise, Zeichen eines Bruchs im dynamischen Zusammenspiel des gesamten Systems. Verglichen mit den vorausgehenden Krisen – den Ölkrisen von 1973 und 1979; der Krise der Bankschulden der Entwicklungsländer von 1982; der Krise der Aktienmärkte und Zinssätze von 1987; der amerikanischen Rezession von 1991; der Krise an den asiatischen Finanzmärkten von 1997 sowie dem Platzen der Startup-Blase von 2001 – ist die derzeitige zweifelsohne weitaus schlimmer, ja die schlimmste seit den 1930er Jahren, zumal sie sich in einer globalisierten Welt abspielt.

Die meisten Menschen verstehen wenig von dem, was momentan passiert. Jahrelang hat man ihnen die Vorteile des »amerikanischen Modells« und die Segnungen der Globalisierung nahegebracht. Nun erleben sie den Untergang des amerikanischen Modells und merken, wie die Globalisierung das soziale Elend verstärkt. Das Schauspiel der Zentralbanken, die in den USA und Europa seit dem 15. September 2008 Hunderte Milliarden Dollar und Euro in die Finanzmärkte gepumpt haben, bringt sie ins Grübeln: Woher kommt dieses Geld? Was sind das für Riesensummen, welchen Realwerten können sie noch entsprechen? Zudem können sie sich des Eindrucks nicht erwehren, daß niemand weiß, was zu tun ist. Nicht zuletzt fragen die Menschen sich, inwieweit diese Krise vorhersehbar war. Wenn sie vorhersehbar war – warum wurde nicht längst etwas dagegen unternommen? Wenn sie nicht vorhersehbar war – beweist das nicht, daß uns jegliche Kontrolle über das auf einen desaströsen Kurs geratene Finanzsystem abhanden gekommen ist?

Tatsächlich haben wir es mit einer dreifachen Krise zu tun: einer Krise des kapitalistischen Systems, einer Krise der liberalen Globalisierung, einer Krise der amerikanischen Hegemonie.

Die am häufigsten vorgebrachte Erklärung für die Entstehung der gegenwärtigen Krise macht die Verschuldung der amerikanischen Haushalte durch Immobilien-Hypotheken (die berüchtigten *subprimes*) verantwortlich. Dabei wird zumeist verschwiegen, warum sie sich derart verschuldet haben.

Der Kapitalismus steht ständig vor dem Problem, neue Absatzmärkte finden zu müssen. Ursprünglich versuchte er, immer mehr Waren an Menschen zu verkaufen, die er zunehmend der Mittel zum Erwerb von mehr Waren beraubte. So sehr er sich einerseits freute, seine Gewinne auf Kosten sinkender Ausgaben für Arbeitskraft steigern zu können, wußte er doch sehr wohl, daß in letzter Analyse eine dauerhafte Profitsteigerung nur möglich ist, wenn der Verbrauch ständig zunimmt. Die Löhne und Gehälter zu senken, bedeutet indes, den Verbrauch zu drosseln. In der fordistischen Phase setzte sich die Erkenntnis durch, daß es überhaupt nichts nützt, unermüdlich die Produktion zu erhöhen, solange die Menschen nicht über die Mittel verfügen, die produzierten Waren zu kaufen. Deswegen wurden schrittweise die Löhne und Gehälter erhöht, einzig und allein um dadurch den Konsum anzukurbeln. Diese Phase, die in den »Goldenen Dreißigern« ihren Höhepunkt erreichte, geht nun zu Ende. Im »Kapitalismus des Niedriglohndrucks« (Frédéric London) wurde diese fordistische Logik allmählich preisgegeben. Statt dessen ist man zu den Ursprüngen des Kapitalismus zurückgekehrt und versteht die Verteilung der Einkünfte zwischen Kapital und Arbeitnehmern längst wieder als Nullsummenspiel: Alles, was die einen gewinnen, geht den anderen verloren.

Wie lassen sich wieder Absatzmärkte erschließen, wenn die Rentabilität der Investitionen sinkt, wenn also die Gewinnspannen geringer werden? Eine erste Lösung besteht in der Verlängerung der Arbeitszeit (»mehr arbeiten, um mehr zu verdienen«), doch die daraus resultierende Erhöhung der Einkünfte bleibt eine relative, zumal sich der Preis für eine Arbeitseinheit nicht ändert: Es wird mehr gearbeitet, aber zum selben Stundenlohn. Der Zwang, mehr zu arbeiten, sonntags zu arbeiten, Überstunden zu machen usw., hat zudem äußerst unschöne Auswirkungen auf das Alltagsleben: weniger Freizeit, weniger Zeit für Familie und Kinder. Eine zweite Lösung besteht darin, auf billige Arbeitskräfte zurückzugreifen, die weniger qualifiziert sein mögen, dafür aber auch weniger Forderungen stellen. Eben deswegen haben die Arbeitgeber stets mehr Einwanderung befürwortet, betrachten sie die Einwanderer doch als eine Reservearmee, deren Vorhandensein es ermöglicht, die Löhne der Autochthonen zu drücken.

Die dritte Lösung, die der Kapitalismus in der Nachkriegszeit und insbesondere seit den 1980er Jahren massiv favorisiert hat, ist der Kredit. Wenn die Menschen sich verschulden, haben sie mehr Geld und können mehr konsumieren. Das Problem dabei ist natürlich, daß die Menschen ihre Schulden zurückzahlen müssen – und daß sie dazu nicht in der Lage sind, eben weil ihre Einkünfte stagnieren oder schrumpfen. Darin liegt eine der Hauptursachen der derzeitigen schweren Krise. In den USA lag die durchschnittliche Verschuldungsrate der Privathaushalte (das Verhältnis zwischen ihrer Gesamtverschuldung und ihrem verfügbaren Einkommen) 2008 bei 120 Prozent. Auch in den meisten übrigen westlichen Ländern ist die Verschuldungsrate in ähnlicher Weise explodiert, und zu dieser Überschuldung muß man die Staatsschuld und die Unternehmensverschuldung hinzurechnen. So entstand die explosive Lage, mit der wir es heute zu tun haben.

Löhne und Gehälter werden heute zwischen zwei verschiedenartigen Zwängen zermalmt, denen die Unternehmen unterworfen sind: den Renditeerwartungen der Aktionäre einerseits, den Anforderungen der Wettbewerbsfähigkeit andererseits.

Zu den herausragenden Kennzeichen des »Turbokapitalismus« als dritter Welle in der Geschichte des Kapitalismus zählt die totale Dominanz der Finanzmärkte. Dadurch verstärkt sich die Machtposition der Kapitalinhaber und insbesondere der Aktionäre, die längst die eigentlichen Besitzer der börsennotierten Unternehmen sind. In ihrer Gier, mit ihren Investitionen immer höhere und immer schnellere Gewinne zu erzielen, treiben sie die Löhne und Gehälter in den Keller und drängen auf Standortverlagerungen in Schwellenländer, wo eine hohe Produktivität mit sehr niedrigen Lohnkosten einhergeht. Gleichzeitig versuchen die Unternehmen ihre Profite zu erhöhen, indem sie immer weniger Menschen beschäftigen, was wiederum zur Vernichtung von Arbeitsplätzen führt. Da ein sich erhöhender Mehrwert eher den Einkünften der Kapitalbesitzer als denen der Arbeitnehmer zugeschlagen wird, stagniert oder fällt die Kaufkraft, und entsprechend sinkt insgesamt die kaufkräftige Nachfrage. Der Wettbewerb wiederum nimmt im Zeitalter der Globalisierung neue Dimensionen an: Standortverlagerungen führen dazu, daß Arbeitnehmer in den entwickelten Staaten mit Menschen am anderen Ende der Welt in den Wettbewerb treten müssen, die dieselbe Arbeit zu absoluten *Dumping*-Löhnen verrichten.

Im Endergebnis wird das Gehalt sozusagen zu einer Variable der makro-ökonomischen Anpassung, und Arbeitsplätze werden massenweise vernichtet. Die derzeitige Strategie des Kapitals besteht demzufolge darin, die Löhne und Gehälter immer weiter nach unten zu drücken, die Prekarität des Arbeitsmarkts ständig zu verschlimmern und dadurch eine relative Verarmung der unteren und mittleren Bevölkerungsschichten herbeizuführen. Diese haben dann keine andere

Chance, ihren Lebensstandard zu erhalten, als sich zu verschulden, während ihre reale Zahlungsfähigkeit unaufhaltsam abnimmt.

Daß Privathaushalten überhaupt die Möglichkeit angeboten wird, Kredite aufzunehmen, um ihre laufenden Kosten zu decken oder Wohneigentum zu erwerben, ist die bedeutendste finanzpolitische Innovation der Nachkriegszeit. Auf diese Weise wurden die Volkswirtschaften durch eine künstliche, auf der Kreditvergabe gegründete Nachfrage stimuliert. In den USA ist dieser Trend seit den 1990er Jahren gefördert worden, indem man Kredite zu immer günstigeren Bedingungen (bis zu null Prozent Eigenfinanzierung) und ohne jegliche Berücksichtigung der Zahlungsfähigkeit des Kreditnehmers vergab. Die abnehmende zahlungsfähige Nachfrage als Resultat sinkender Reallöhne sollte also durch massive Kreditvergabe kompensiert werden. Oder anders gesagt, statt den Verbrauch durch eine Erhöhung der Kaufkraft zu steigern, wurde er mit Hilfe von Krediten angekurbelt. Für die Kapitalbesitzer und Investoren war dies die einzige Möglichkeit, ihre Profite weiter zu vermehren – und sei es zum Preis unkalkulierbarer Risiken.

Daher rührt die gigantische Überschuldung der Amerikaner, die seit langem lieber konsumieren, als zu sparen. In der Folge wurde mittels »Verbriefung« mit »faulen Schulden« spekuliert, so daß sich die großen Akteure im Kreditwesen der Risiken einer Zahlungsunfähigkeit ihrer Kreditnehmer entledigen, ja von ihnen profitieren konnten. Die »Verbriefung« von Schulden ist eine weitere bedeutende Erfindung des Nachkriegskapitalismus. Darunter versteht man die Aufteilung und Neubündelung der von einer Bank oder Kreditgesellschaft vergebenen Darlehen und ihren Weiterverkauf an andere Akteure der Finanzwelt. So entstand ein riesiger Kreditmarkt, der zugleich ein Risikomarkt ist. Ebendieser Markt brach im vergangenen Jahr zusammen. Die Begeisterung für jene Mechanismen der Kreditvergabe, die letztlich die Krise in den USA auslösten, resultiert also aus den Bemühungen des Kapitals, die Konsumfähigkeit einer Mehrheit der Verbraucher aufrechtzuerhalten, während die Löhne und Arbeitseinkünfte zunehmend unter Druck gerieten. Die aktuelle Krise begann, als der Kredit ausging. Den Rest besorgten der Größenwahn und die ungeheure Raffgier in den Führungsetagen der Großkonzerne und der großen Geschäfts- und Handelsbanken.

Zudem handelt es sich aber um eine Krise der liberalen Globalisierung. Das brutale Übergreifen der amerikanischen Hypothekenkrise auf die Weltmärkte ist eine direkte Folge der Globalisierung, wie sie von den Zauberlehrlingen der Finanzwelt erdacht und ins Werk gesetzt wurde. Über ihren unmittelbaren Auslöser hinaus stellt sie das Ergebnis von vier Jahrzehnten der Deregulierung im Zeichen eines globalisierten Modells nach liberalen Rezepten dar. Tatsächlich hat erst die Ideologie der Deregulierung, die bereits die Krisen in Mexiko (1995), Asien (1997), Rußland (1998), Argentinien (2001) usw. verursachte, die amerikanische Überschuldung möglich gemacht. Die Globalisierung hat zwar einerseits Standortverlagerungen aller Art ermöglicht, zum anderen hat sie jedoch die konzentrische Anordnung der Finanzmärkte rund um den amerikanischen Pol forciert. Zugleich läßt sie zu, daß die Kapitalströme ohne Kontrolle von einem Ende des Planeten zum anderen fließen. Sie verleiht den ihrerseits globalisierten Finanzmärkten eine dominante Position, was wiederum ihre Loslösung von der Realwirtschaft beschleunigt: Da die Geldemission nicht mehr proportional zur Wertschöpfung erfolgt, wandern immense virtuelle Finanzmassen in einem ständig zunehmenden Tempo um den Globus auf der Suche nach einer lohnenden Investition oder einer dauerhaften Gestaltwerdung. Schließlich hat die Globalisierung eine Situation entstehen lassen, in der schwere Krisen sich von jedem beliebigen Ort der Erde aus in Windeseile – »viral«, wie der 2007 verstorbene Philosoph Jean Baudrillard gesagt hätte – über den gesamten Planeten verbreiten. Deswegen zog die amerikanische Krise so schnell die europäischen Finanzmärkte, angefangen mit den Kreditmärkten, in Mitleidenschaft – mit allen Auswirkungen, die eine derartige Schockwelle zu einem Zeitpunkt nach sich ziehen mußte, da die amerikanische wie die europäische Wirtschaft bereits am Rande der Rezession standen.

Angesichts dessen ist es ein Schauspiel von geradezu unwiderstehlicher Komik, wie diejenigen, die nicht müde wurden, die Verdienste der »unsichtbaren Hand« und die Segnungen des »selbstregulierenden«

Markts zu preisen (»der Markt ist es, der sich um den Markt kümmern muß«, stand regelmäßig in der *Financial Times* zu lesen), nun den Staat um Hilfe anflehen und von ihm eine Rekapitalisierung oder de-facto-Verstaatlichung fordern. Hier gilt der alte Grundsatz liberaler Heuchelei: die Gewinne privatisieren, die Verluste verstaatlichen. Daß die USA als große Verfechter des Freihandels keinerlei Skrupel haben, zum Protektionismus zurückzukehren, sobald es ihren Interessen dient, ist seit langem bekannt. Nun erweist sich, daß die Gegner des *big government* sich dem Staat in den Schoß werfen, wenn sie vor dem Bankrott stehen. Bereits ganz am Anfang der Krise stand mit der de-facto-Verstaatlichung der beiden Hypotheken-Riesen Fannie Mae und Freddie Mac ein Vorgang ohne Beispiel in der amerikanischen Geschichte. Während die US-Regierung 1929 noch den Fehler beging, die Bewältigung der Krise einem »Syndikat« aus Bankiers unter Führung Rockefellers anzuvertrauen, beschlossen der seinerzeitige Finanzminister Henry Paulson und der damalige Notenbankchef Ben Bernanke die am stärksten bedrohten Firmen selber finanziell zu unterstützen – eine seit der Reagan-Ära einmalige Entscheidung und der radikalste Eingriff in die privatisierte Finanzwelt seit Gründung der US-Notenbank. Man kann dies als brutale Rückkehr des Realitätsprinzips bezeichnen. Für die Ideologie des Liberalismus bedeutet es jedoch auch das Scheitern eines Legitimationsgrundsatzes – nämlich jenes, dem zufolge der Staat niemals in die Mechanismen des Markts eingreifen darf, da sich sonst deren Wirksamkeit verringere.

Schließlich darf auch nicht aus dem Blick geraten, daß diese globale Krise von den USA ausging, in einem Staat also, der bereits mit einem enormen Haushaltsdefizit, einer stetig wachsenden Staatsverschuldung und einem kolossalen Handelsdefizit zu kämpfen hat. Die amerikanische Volkswirtschaft hat seit zehn Jahren keine durch reale Produktion bedingte Konjunktur mehr erlebt, sondern statt dessen eine Expansion der Schulden und den aus der globalen Dominanz des Dollar resultierenden Währungsvorteil.

Indes wird die Krise unweigerlich zum Verlust des Vertrauens in den Dollar beitragen, das aller Voraussicht nach noch weiter fallen dürfte.

Die Doppelfunktion des Dollar als Landeswährung und internationale Rechnungseinheit, deren Goldbindung zudem 1971 aufgehoben wurde, hat den USA lange ermöglicht, ihre Hegemonie zu behaupten und auszubauen, während sie gleichzeitig kolossale Defizite verzeichneten. Dies gelang ihnen, indem sie systematisch ihre Schuldbriefe in Staaten mit Handelsüberschüssen exportierten. In Zukunft werden die großen staatlichen und privaten Fonds insbesondere in den asiatischen Ländern eine entscheidende Rolle spielen, die beträchtliche Mengen staatlicher und halbstaatlicher US-Wertpapiere (Schatzanweisungen usw.) und damit amerikanischer Schulden halten. US-Dollar machen derzeit weltweit siebzig Prozent aller Auslandsreserven aus, eine Geldmenge, die schon lange in keinerlei Beziehung zum realen Volumen der amerikanischen Volkswirtschaft steht. Es ist nicht auszuschließen, daß die erdölexportierenden Länder in den kommenden Jahren den Dollar (»Petrodollar«) schrittweise zugunsten des Euro aufgeben werden. Auf Dauer könnte die jetzige Lage dazu führen, daß Länder wie China und Rußland internationale finanzpolitische Verantwortung fordern, ja sogar in Absprache miteinander einen Alternativentwurf zur gegenwärtigen internationalen Finanzordnung ausarbeiten. George Soros sprach es im Frühjahr 2008 unmißverständlich aus: »Die Welt geht dem Ende der Dollar-Ära entgegen.«

Momentan wird allerorten versichert, daß es ausreichte, das System zu »regulieren« oder zu »moralisieren«, um Krisen wie diese künftig zu vermeiden. Politiker sprechen von einer »Entgleisung des Finanzwesens«, prangern die »Verantwortungslosigkeit« der Bankiers an, als sei die Krise lediglich durch ungenügende Regulierung verursacht worden und als könnte eine Rückkehr zu mehr »Transparenz« einen weniger gefräßigen Kapitalismus wiedererstehen lassen. Doch dies ist ein doppelter Denkfehler. Zum einen hat gerade die Ohnmacht der Politik, der Leistungskrise des Kapitals zu begegnen, der völligen Liberalisierung des Finanzsystems den Weg geebnet. Zweitens ignoriert diese Hoffnung die eigentliche Natur des Kapitalismus, dem jegliche Rücksicht auf »moralische« Erwägungen fremd ist. Schon Karl Marx wußte, daß der Kapitalismus sich nicht freiwillig Fesseln anlegen läßt. Die Logik der Akkumulation von Kapital ist die Grenzenlosigkeit, die Leugnung aller Grenzen, die Rationalisierung der Welt nach den Maßgaben der marktwirtschaftlichen Vernunft, die Transformation sämtlicher Werte in Marktwerte, das Heideggersche *Gestell.*

In den Phasen der Überakkumulation von Kapital wird die Stärkung der Finanzmacht zum entscheidenden Motiv jedweder Strategie zur Erhöhung der Gewinnspanne. Über den bloßen Finanzsektor hinaus stellt die Krise jedoch die Regulierung der Wirtschaft anhand des alleinigen Kriteriums der Profitraten insgesamt in Frage: ihre mutwillige Rücksichtslosigkeit gegenüber menschlichen Faktoren, gegenüber der Vernichtung von Arbeitsplätzen, gegenüber den Leben, die sie zerstört, gegenüber der Erschöpfung natürlicher Ressourcen, gegenüber allen nicht-marktwirtschaftlichen (»externen«) Kosten. Die letzte Ursache dieser Krise ist das Streben nach möglichst hohem finanziellen Profit in möglichst kurzer Zeit, im Klartext: das Streben nach maximaler Vermehrung des investierten Kapitals unter Ausschluß sämtlicher anderen Erwägungen.

Die derzeitige Krise wird häufig als eine Liquiditätskrise dargestellt, dabei ist sie hauptsächlich entstanden aus der übermäßigen Aufblähung des Finanzvolumens im Vergleich zur realen Wertschöpfung – und somit das genaue Gegenteil einer Liquiditätskrise. Der Finanzmarkt – oder anders gesagt, das Volumen des Handels mit virtuellen Werten – ist zwanzigmal höher als das realwirtschaftliche Handelsvolumen. Infolgedessen reicht die reale Wertschöpfung nicht mehr aus, um die Höhe der Finanzverschuldung zu garantieren. Zu glauben, das Ausmaß dieser Verschuldung lasse sich verringern, indem man das Wachstum der Realwirtschaft ankurbelt, ist Wunschdenken, eben weil diesem realen Wachstum durch die Verknappung der natürlichen Ressourcen enge Grenzen gesetzt sind.

Wie wird es nun weitergehen? Kann die Krise durch einen »Domino-Effekt« die Zahlungsunfähigkeit sämtlicher wirtschaftlicher Akteure auslösen und somit das gesamte globale Finanzsystem zum Einsturz bringen? Soweit ist es noch nicht. Durchaus möglich, daß die in den vergangenen Monaten ergriffenen Maßnahmen den vollkommenen

Einbruch des Finanzsystems abwenden können. Selbst im besten Fall wird die Wirtschaftskrise bis auf weiteres anhalten, begleitet von einer allgemeinen Rezession, die zu einem erneuten Anstieg der Arbeitslosigkeit führen wird. Entsprechend dürften die Profite erheblich sinken, was sich unweigerlich auf die Märkte und die Börsenkurse auswirken wird. Entgegen den Behauptungen mancher hat das Schicksal der Spekulationswirtschaft unmittelbare Auswirkungen auf dasjenige der Realwirtschaft. Die Unternehmen sind de facto von den Banken abhängig, und sei es nur, weil sie ohne Kredite keine Investitionen tätigen können. Indes bewirkt die Krise, daß die durch die Anhäufung fauler Schulden in die Bredouille geratenen Banken ihre Kreditvergabe massiv gedrosselt haben (der berüchtigte *credit-crunch*).

Selbst wenn es gelingen sollte, das System zu »sanieren«, so daß es weiterlaufen kann wie vor der Krise, bliebe der Druck auf die Löhne und Gehälter aus den bereits erläuterten Gründen weiterhin bestehen und würde zu einer erneuten Überschuldung und schließlich zu einer neuen Krise noch größeren Ausmaßes führen. Würde andererseits die Verschuldung der Privathaushalte unter Kontrolle gebracht, müßte der Verbrauch sinken und das Wachstum sich verlangsamen – für das Kapital eine unerträgliche Perspektive. In der Vergangenheit waren es Kriege, die letztlich zur Entspannung ähnlich katastrophaler Wirtschaftslagen führten. (So führte nicht etwa, wie oft angenommen wird, der New Deal die USA aus der Depression und der Massenarbeitslosigkeit, sondern der Zweite Weltkrieg verwandelte diesen Staat in die Waffenschmiede der alliierten Mächte.) Ob sich Amerika in diese Richtung orientieren will, um seine weltweite Vormachtstellung nicht zu verlieren?

Die USA, die seit langem auf Pump leben, haben mittlerweile eine Staatsverschuldung in Höhe von etwa 34,4 Billionen Dollar angehäuft, das entspricht rund 94 600 Dollar pro Einwohner. Die Aufblähung des Schuldvolumens zieht eine korrelative Erhöhung der Geldmenge nach sich, während der Staat, der dieses Geld druckt, sich bei zurückgehender Wertschöpfung in Rezession befindet und sich stetig weiter verschuldet.

Immer wieder wird die gegenwärtige Krise mit jener von 1929 verglichen. In Wirklichkeit ist sie noch schwerer, und zwar aus mindestens drei Gründen. Erstens handelt es sich um die erste wirklich globale Finanzkrise (1929 waren nur die USA und Europa betroffen), deren Ausmaß die Realität der Globalisierung selbst reflektiert, wie sie sich seit dem Untergang der Sowjetunion durchgesetzt hat. Zweitens sind unsere heutigen Gesellschaften sehr viel stärker vom Finanzsektor abhängig als damals, da der durch Kredite finanzierte Verbrauch seit den 1980er Jahren den Schlüssel zur Steigerung des Bruttoinlandsprodukts (BIP) darstellt. Drittens sind die USA als Epizentrum der Krise, 1929 noch eine aufsteigende Macht, inzwischen im Untergang begriffen.

In der Vergangenheit hat eine systemische Krise den Untergang des Sowjetkommunismus ausgelöst. Ob es dem kapitalistischen System ähnlich ergehen kann? Manche glauben daran, der Wirtschaftswissenschaftler Immanuel Wallerstein etwa, nach dessen Meinung »wir seit dreißig Jahren in die Endphase des kapitalistischen Systems eingetreten sind«, da der Kapitalismus nicht mehr »systembildend« sei, es ihm also nach einer allzu starken Abweichung von seiner Stabilitätslage nicht mehr gelinge, das Gleichgewicht wiederherzustellen. Wallerstein spricht sogar von einer Übergangsphase ähnlich derjenigen, die Europa einst vom Feudalismus zum Kapitalismus durchmachte. So weit braucht man nicht zu gehen, um festzustellen, daß das 1944 in Bretton Woods geschaffene System sich derzeit in seiner Endphase befindet.

Die politischen Führungseliten tun weiterhin so, als sei das globale Finanzsystem lediglich einer Wachstumskrise zum Opfer gefallen, einer zeitweiligen Panne, die man durch die Gründung einer »globalen Finanzaufsicht« beheben könnte. Darunter verstehen sie einige Maßnahmen zur »Regulierung«, massive Liquiditätsspritzen, neue Mittel für den Internationalen Währungsfonds (IWF), eine Senkung des Zinssatzes, Pläne zum Aufkauf »giftiger Wertpapiere« und »fauler Spekulationsprodukte« (womit die Kosten für die Beendigung der Krise unweigerlich dem Staat und somit der Staatsverschuldung zugeschlagen werden), Pläne zur Wiederbelebung insolvenzgefährdeter Industrien, ein oberflächliches Vorgehen gegen »Steuerparadiese« usw. Die einhellige Absage an den Protektionismus und die Erklärung, die Globalisierung um jeden Preis weiter betreiben zu wollen, zeigen, daß man sich überhaupt nicht des systemischen und historischen Charakters dieser Krise bewußt ist, die zugleich den Bankrott der in den 1990er Jahren formulierten »neuen Weltordnung« markiert. Der Gedanke, daß die von den Zentralbanken aus dem Nichts geschaffenen Hunderte Milliarden Euro und Dollar lediglich zur Entstehung neuer »Blasen« führen werden – noch weit schädlicher als die bisher dagewesenen –, ist durchaus nicht unberechtigt. So besteht ein sehr hohes Risiko, daß man nicht etwa die Voraussetzungen für neues Wachstum, sondern für eine Hyperinflation geschaffen hat, die die Verschuldung verringern soll, in einem Klima allgemeiner Depression aber vielmehr zur Zahlungsunfähigkeit vieler Staaten, zur globalen Explosion der Arbeitslosigkeit, zur brutalen Vernichtung sämtlicher Rentenfonds und vor allem zum endgültigen Zusammenbruch des Dollar führen wird, wenn die USA nämlich verpflichtet sind, ihre kolossalen Schulden zu monetarisieren, da das Ausland sie nicht länger finanzieren will.

Anstatt Banken und Versicherungskonzerne staatlich zu unterstützen und zu refinanzieren, wäre es zweifellos besser gewesen, sie einfach zu verstaatlichen. Doch hätte eine solche Maßnahme höchstens kurzfristig geholfen, eben weil es sich nicht nur um eine Finanz- und Bankenkrise, ja nicht einmal einfach um eine Wirtschaftskrise handelt. Sondern es ist dies eine Krise des für die aktuelle Phase des Kapitalismus kennzeichnenden Akkumulationssystems. Zugleich markiert sie den Kulminationspunkt einer Entwicklung, die man von philosophischhistorischem Standpunkt als Dialektik des Habens bezeichnen könnte.

Große Finanzkrisen sind wie Erdbeben. Nach der ersten großen Erschütterung muß man sich auf Nachbeben gefaßt machen, die sich im Laufe der Zeit allmählich steigern. Es wird also eine Art »Spiralwirkung« in Gang gesetzt, deren kumulative Effekte in weitreichenden Krisen münden können. Das Muster ist bekannt: Die Finanzkrise löst eine Wirtschaftskrise aus, diese wiederum eine Gesellschaftskrise, die sich zur politischen Krise steigert. In den kommenden Jahren ist demnach mit globalen geopolitischen Verschiebungen zu rechnen.

Schließlich handelt es sich um eine anthropologische Krise, die sich als solche nur durch eine allgemeine Umorientierung der Verhaltens- und Lebensweisen bewältigen läßt. Das bedeutet, in der Versorgung mit Energie, Lebensmitteln und Kleidung lokale und regionale Autarkie anzustreben; wirtschaftliche Aktivitäten durch Steuervergünstigungen möglichst lokal anzusiedeln, um Transportwege zu verkürzen und Autonomie zu stärken; auf europäischer Ebene Maßnahmen zum Schutz und zur Stärkung der Gemeinschaften zu verabschieden; den marktwirtschaftlichen Werten weniger Bedeutung innerhalb der symbolischen Vorstellungswelt einzuräumen; ökologische Faktoren bei der Preisgestaltung zu berücksichtigen. Kurz gesagt: Wir müssen uns vom Produktivismus verabschieden und ein für allemal eingestehen, daß ein unendliches materielles Wachstum in einer endlichen Welt nicht möglich ist. Ebendiese Feststellung bildet den Ausgangspunkt dieses Buches.

Alain de Benoist
Paris, den 1. Mai 2009

Editorische Notiz

Angesichts der grassierenden Wirtschaftskrise hat sich der Verlag fünfzehn Jahre nach der Erstausgabe zu einer Neuauflage dieses Buches mit grundlegenden Texten entschieden. Dafür wurden die Beiträge durchgesehen und von einigen wenigen offensichtlich veralteten Angaben stillschweigend bereinigt.

Wachstumsrücknahme als Alternative

Die Gesellschaften der Antike begriffen instinktiv, daß kein gesellschaftliches Leben möglich ist ohne Rücksicht auf das natürliche Umfeld, in dem es sich abspielt. In *De senectute* zitiert Cicero Caecilius Statius: »Er pflanzt Bäume an, die erst der Nachwelt nützen«, und kommentiert: »Ja, jeder Landmann darf, wenn er auch noch so alt ist, auf die Frage, für wen er pflanze, ohne Bedenken antworten: ›Für die unsterblichen Götter, deren Wille es war, daß ich diese Güter nicht nur von den Vorfahren ererben, sondern sie auch meinen Nachkommen überliefern sollte.‹« (7, 24) Tatsächlich war der Erhalt der natürlichen Ressourcen bis zum 18. Jahrhundert in allen menschlichen Kulturen die Regel. Einst war jeder Bauer ein Experte auf dem Gebiet der »Nachhaltigkeit«. Dasselbe galt oft auch für die Machthaber. Ein typisches Beispiel liefert Ludwigs XIV. Finanzminister Colbert, der die Abholzung der Wälder regulierte, um den Baumbestand zu sichern, und Eichen pflanzen ließ, die 300 Jahre später als Schiffsmasten Verwendung finden sollten.

In der Neuzeit haben die Menschen umgekehrt gehandelt. Sie haben sich verhalten, als wären die »Reserven« der Natur unerschöpflich – als wäre unser Planet nicht in allen seinen Dimensionen ein endlicher Raum. Indem sie bis zum Exzeß von der Vergangenheit gezehrt haben, haben sie die Zukunft ausgelaugt.

Das 20. Jahrhundert war das Jahrhundert des Eintritts ins Atomzeitalter, es war das Jahrhundert der Entkolonisierung, der sexuellen Befreiung, das Jahrhundert der »Extreme« (Eric Hobsbawn), der »Leidenschaft für das Wirkliche« (Alain Badiou), des Triumphes der »Metaphysik der Subjektivität« (Martin Heidegger), das Jahrhundert der Technologie, der Globalisierung ... Zweifelsohne treffen all diese Umschreibungen zu. Überdies war das 20. Jahrhundert jedoch dasjenige, in dem der Konsumrausch und die Verwüstung des Planeten ihren Höhepunkt erreichten und sich im Gegenzug ein ökologisches Bewußtsein herausbildete. Für Peter Sloterdijk, der die Moderne im Zeichen des »Prinzips Überfluß« stehen sieht, war das 20. Jahrhundert zuvorderst das Jahrhundert der Verschwendung. »Während für die Tradition die Verschwendung die Sünde gegen den Geist der Subsistenz par excellence bedeutete, weil sie den immer knappen Vorrat an Überlebensmitteln aufs Spiel setzte, hat sich im Fossilienenergiezeitalter ein durchgreifender Sinnwandel der Verschwendung vollzogen – man darf sie inzwischen ruhigen Tons als die erste Bürgerpflicht bezeichnen.«[1]

Zu Beginn des 21. Jahrhunderts, das sich als eine Zeit ankündigt, in der die »Fluidität« (Zygmunt Bauman) überall das Solide ersetzen wird – das Vergängliche anstelle des Haltbaren, das Netzwerk anstelle der Organisation, die Gemeinschaft anstelle der Nation, flüchtige Gefühle anstelle lebenslanger Leidenschaften, kurzfristige Verpflichtungen anstelle stets gleichbleibender Aufgaben, nomadische Beziehungen anstelle verwurzelter sozialer Bande, die Logik des Meers (oder der Luft) anstelle jener des Landes –, müssen wir feststellen, daß der Mensch innerhalb von hundert Jahren Vorräte verbraucht hat, für deren Aufbau die Natur 300 Millionen Jahre brauchte.

Diese Verschwendung ist nicht zu vergleichen mit der Zurschaustellung des eigenen Reichtums, wie sie bisweilen die Mitglieder der alten Aristokratien zu betreiben pflegten. Denn diese beinhaltete stets ein Element von Dankbarkeit und Großzügigkeit, das der heutigen Konsumgesellschaft vollkommen abhanden gekommen ist. Noch Adam Smith definierte Verschwendung als eine »Hingabe an das Glück des Augenblicks«. Und dem Bürgertum zählte Genügsamkeit früher zu den Kardinaltugenden, da sie die Anhäufung von Kapital ermöglichte. Heute, da das Kapital sich von alleine vermehrt, ist sie längst aus der Mode gekommen. Vielmehr erfordert der geplante Überschuß an Produkten, daß durch Kaufanreize die Verschwendung gefördert wird.

Läßt sich der Untergang noch verhindern? Was die »nachhaltige Entwicklung« angeht, ein Schlagwort, das seit 1973 (Brundtland-Bericht) durch die Medien geistert, so vermag sie das Unausweichliche bestenfalls hinauszuzögern.

Der Grundgedanke der nachhaltigen Entwicklung reduziert die Umwelt auf eine feststehende Variable – sie verteuert die Funktionskosten eines Systems, das sich der kontinuierlichen Produktionssteigerung verschrieben hat. Dabei wird das Prinzip des grenzenlosen Wachstums nirgends in Frage gestellt, sondern vielmehr nach Möglichkeiten gesucht, daran festzuhalten, ohne daß es zur ökologischen Katastrophe kommt. Ein solcher Versuch gleicht der Quadratur des Kreises. Wenn man eingesteht, daß die wirtschaftliche Entwicklung die Hauptursache für die Zerstörung der Umwelt ist, ist es vollkommen illusorisch, die Bedürfnisse der Gegenwart auf »ökologischem« Weg befriedigen zu wollen, ohne das Wesen dieser Bedürfnisse zu hinterfragen.

Der französische Ökonom und Philosoph Serge Latouche hat immer wieder angemahnt, daß die Theorie der nachhaltigen Entwicklung sich darauf beschränkt, Kontrollverfahren oder -techniken zu entwickeln, um die Auswirkungen der Probleme zu behandeln, ohne gegen ihre Ursachen vorgehen zu müssen. Sie erweist sich insofern als besonders trügerisch, weil sie die Menschen in dem Glauben beläßt, die Krise sei zu lösen, ohne daß man die Logik des Markts, die Ökonomisierung aller Lebensbereiche bis hinein ins menschliche Vorstellungsvermögen, die Geldwirtschaft und die grenzenlose Expansion des Kapitals anficht. In Wirklichkeit ist sie letztlich zum Scheitern verurteilt, sofern sie einem System von Produktion und Konsum verhaftet bleibt, das selber der Hauptverursacher ebenjener Schäden ist, die sie zu beheben trachtet.

Unter diesen Gegebenheiten ist es völlig natürlich, daß eine andere Theorie Raum greift: jene, die das Wachstum rückgängig machen will. Dieser Gedanke mag manchem Angst einjagen oder utopisch erscheinen. Auf jeden Fall verdient er weitergedacht zu werden, und in vielen Ländern tun Wirtschaftsexperten und Wissenschaftler dies bereits.

Wachstumsrücknahme bedeutet eine Alternative in Gestalt eines Bruchs. Sie wird sich jedoch nur unter der Bedingung einer allgemeinen geistigen Wende durchsetzen lassen. Serge Latouche spricht völlig zu Recht davon, »das Vorstellungsvermögen zu entkolonisieren«. Damit geht die Verpflichtung einher, den Produktivismus in allen seinen Formen zu bekämpfen.

Das Ziel lautet nicht, die Uhren zurückzudrehen, sondern gegenwärtiges Denken hinter sich zu lassen. Es geht darum, aus unseren Köpfen den Primat der Wirtschaft und den Konsumwahn zu vertreiben, die den Menschen sich selber entfremden: darum, mit der Welt der Dinge zu brechen, um die Welt des Menschen wiederaufzubauen.

1

Zwei Hauptprobleme kennzeichnen die heutige Lage: einerseits die Degradierung der Umwelt infolge diverser Belastungen und Verschmutzungen, die sich auch unmittelbar auf den Menschen und alle anderen Lebewesen auswirken, und andererseits die Verknappung von derzeit für die wirtschaftliche Aktivität unverzichtbaren Rohstoffen und natürlichen Ressourcen. Über Umweltverschmutzung ist schon soviel geschrieben worden, daß es überflüssig ist, an dieser Stelle darauf einzugehen.

Seit den Pionierstudien, die Charles King ab 1957 betrieb, ist bekannt, daß der Anteil der durch die Umweltverschmutzung produzierten Kohlenstoffgase in der Atmosphäre seit Beginn der Industrialisierung stetig zunimmt. Während der 150 000 Jahre zuvor war die Konzentration von Kohlendioxid in der Atmosphäre bei ungefähr 270 Teilchen pro Million nahezu konstant geblieben. Um 1860 begann sie zu steigen, und dieser Anstieg beschleunigte sich in der zweiten Hälfte des 20. Jahrhunderts deutlich. In diesem Zeitraum verdoppelte sich der CO_2-Anteil praktisch alle zwanzig Jahre. Inzwischen liegt er bei etwa 375 ppm, wobei fast 70 Prozent der weltweiten Kohlendioxidemissionen von den Ländern der nördlichen Hemisphäre verursacht werden, die die Industrialisierung am stärksten vorantreiben. Gegenwärtig verursacht die Menschheit insgesamt einen Kohlendioxidausstoß von 6,3 Milliarden Tonnen im Jahr, fast doppelt soviel, wie der Planet absorbieren kann (dieses Aufnahmevermögen wiederum hängt unmittelbar von der Fläche der Wälder und Meere ab). Und alles deutet darauf hin, daß sich diese Entwicklung fortsetzen und verschlimmern wird.

Bekannt ist ebenfalls, daß der CO_2-Anteil in der Atmosphäre und die Temperatur der Erdoberfläche in fester Beziehung zueinander stehen. Die atmosphärische Konzentration von Treibhausgasen verhindert, daß die Hitze der Sonne entweichen kann, und bewirkt so eine allgemeine Erhitzung des Planeten. Innerhalb nur eines Jahrzehnts ist die Durchschnittstemperatur auf der Erde von 13,9 auf 14,4 Grad Celsius gestiegen. Die prognostizierte Verdopplung des CO_2-Anteils läßt erwarten, daß sie noch in diesem Jahrhundert um einen Wert steigt, der nach optimistischen Schätzungen 1,4, nach pessimistischen Schätzungen 5,8 Grad Celsius beträgt.[2]

Da die Erderwärmung in der Nähe der Pole am stärksten ist, führt sie unter anderem zur Schmelze von Gletschern und Packeis. Dadurch steigt der Meeresspiegel – im Durchschnitt um 2,4 Zentimeter innerhalb der vergangenen zehn Jahre. Bis zum Ende des 21. Jahrhunderts steht ein weiterer Anstieg um mehrere Meter zu erwarten. Indes führt ein Anstieg von nur einem Meter zu einem Zurückweichen der Küstenlinie um 1,5 Kilometer, was die Evakuierung mehrerer zehn Millionen Menschen erforderlich machen würde.

Schon heute schmelzen in Grönland 51 Milliarden Kubikmeter Eis pro Jahr. Ein Schmelzen der gesamten grönländischen Eisfläche (die etwa viermal so groß ist wie Frankreich) könnte den Meeresspiegel weltweit um sieben Meter anheben.[3] Im Verbund mit dem Schmelzen des arktischen und antarktischen Eises könnte sie die Überschwemmung zahlreicher Küstengebiete von Manhattan bis zur Camargue verursachen. Hiervon betroffen wären auch die Niederlande, die Malediven, die asiatischen Reisanbaugebiete, das Nil-Delta in Ägypten, das Niger-Delta in Nigeria sowie das GangesDelta in Bangladesch.

Aufgrund der arktischen Eisschmelze kommt es zudem im Nordatlantik zu einem gewaltigen Zufluß von Süßwasser. Indes ist das Gleichgewicht zwischen Süß- und Salzwasser in diesem Teil der Welt unabdinglich zur Erhaltung der als Thermohaline bezeichneten Meeresströmungen, die weltweit die Temperaturen regulieren. So sorgt etwa der von Süden nach Norden fließende Golfstrom für ein gemäßigtes Klima in Westeuropa. Laut einer Studie, an der dreihundert Fachwissenschaftler beteiligt waren, könnte die arktische Eisdecke schon bis 2070 vollkommen schmelzen.[4] Dieser Süßwasserzufluß droht auf Dauer eine Abkühlung der nördlichen Erdhalbkugel zu bewirken, die innerhalb von Jahrzehnten zu einem sibirischen Klima führen würde. Man bedenke, daß Teile Europas (bis hinunter nach Deutschland) und Amerikas einst mit einer drei Kilometer dicken Eisschicht bedeckt waren – zu einer Zeit, als die Durchschnittstemperaturen weltweit lediglich um fünf bis sechs Prozent niedriger lagen als heute.

Von 1969 bis heute sind klimatische Veränderungen in einem Ausmaß festgestellt worden, wie sie früher über mehrere Jahrhunderte entstanden. 1998 und 2002 waren die heißesten Jahre seit Beginn der Messungen. 2007 kam es überall auf der Welt zu klimatischen Unregelmäßigkeiten. Infolge der Erwärmung erhöht sich die Häufigkeit und Stärke von Stürmen, tropischen Zyklonen, Fluten, Hitzewellen, Waldbränden usw. In den USA wurden im Mai 2003 innerhalb eines einzigen Monats 562 Tornados registriert, mehr als je zuvor.[5] Im Jahr 2000 wurden weltweit 256 Millionen Menschen Opfer von Naturkatastrophen oder industriellen Unfällen – während der 1990er waren es im Mittel 175 Millionen, dabei lag die Anzahl der Naturkatastrophen dreimal so hoch wie in den 1960ern.[6]

Katastrophale Folgen zeitigt die Erderwärmung auch in der Landwirtschaft, da sie die Bodenerosion beschleunigt und die Folgen von Dürren verschlimmert. Dadurch reduziert sich das Volumen der agrarischen Lebensmittelproduktion. Zudem wird das Verbreitungsgebiet bestimmter tropischer Ansteckungskrankheiten wie der Malaria größer. Studien auf den Philippinen haben ergeben, daß jeder Anstieg der Durchschnittstemperatur um ein Grad die landwirtschaftlichen Erträge um zehn Prozent sinken läßt.

Gleichzeitig nimmt die Abholzung der Wälder zunehmend bedrohliche Ausmaße an. Im Laufe des 20. Jahrhunderts nahm die bewaldete Fläche weltweit von fünf auf 2,9 Milliarden Hektar ab. Derzeit werden jedes Jahr 140 000 Quadratkilometer Wald vernichtet (das entspricht der Fläche Griechenlands), 28 Hektar pro Minute. In den Tropen hat sich die Abholzung zwischen 1979 und 1989 verdoppelt. Nachdem Brasilien bereits seine atlantischen Wälder verloren hatte, begann es mit der Abholzung des amazonischen Regenwaldes, der 1970 noch intakt war. Die Abholzung schreitet dort jährlich um sechs Prozent fort. Indes spielen Waldflächen eine wesentliche Rolle bei der Regulierung des Klimas ebenso wie beim Bodenerhalt, der Verhinderung von Überschwemmungen, der Speicherung von Nährstoffen, dem Schutz der Wasserwege vor Verschlickung. Sie bilden 46 Prozent aller auf der Erde vorhandenen Kohlenstoffreserven und absorbieren das für den Treibhauseffekt verantwortliche Kohlendioxid. Schätzungen zufolge ist Wald noch heute für 1,5 Milliarden Menschen unmittelbar überlebensnotwendig. Zudem bilden die tropischen Wälder den natürlichen Lebensraum für etwa 50 Prozent aller bekannten Tierarten, also die Hälfte der weltweiten genetischen Vielfalt.[7]

Am meisten beunruhigt die kumulative Natur der beschriebenen Phänomene. Je mehr Eis und Schnee schmelzen, desto weniger Sonnenenergie strahlt in den Weltraum zurück, was wiederum den Treibhauseffekt verstärkt. Dadurch steigt die Temperatur weiter, so daß noch mehr Eis und Schnee schmilzt. Ganz ähnlich verhält es sich mit den Waldbränden: Je wärmer die Temperaturen, desto mehr Waldfläche wird durch Brände zerstört. Mit der schwindenden Waldfläche nimmt aber auch die Kapazität der Erde ab, das in der Atmosphäre vorhandene Kohlendioxid zu absorbieren. Infolgedessen steigt wieder die Temperatur und damit die Gefahr weiterer Waldbrände. In der Kybernetik spricht man hier von einer Rückkopplung.[8]

Ein im Oktober 2003 veröffentlichter Bericht im Auftrag des Pentagon (»An Abrupt Climate Change and Its Implications for United States

Security«) kam zu dem Ergebnis, daß eine Klimakatastrophe globalen Ausmaßes bereits innerhalb der nächsten zwanzig Jahre denkbar wäre.

Nicht weniger dramatisch ist das Problem der natürlichen Ressourcen, insbesondere der fossilen Energiequellen, die definitionsgemäß nur in begrenzter Menge vorhanden sind (und deren Verbrennung ihrerseits Umweltverschmutzung verursacht). Dabei gründet die gesamte heutige Zivilisation auf ihrer Erschließung. Über drei Viertel aller Energieressourcen, die wir gegenwärtig verwenden, sind fossilen Ursprungs: Erdöl, Gas, Kohle, Uran. Zusammen sichern sie 90 Prozent des globalen Bedarfs an kommerzieller Primärenergie für Straßenverkehr, Stromversorgung, Industrie. Trotz zwei Ölschocks in den siebziger Jahren ist die Abhängigkeit der Industriestaaten von fossilen Treibstoffen seither unaufhörlich gestiegen.

Exemplarisch läßt sich am Erdöl aufzeigen, vor welche Probleme uns die Erschöpfung der Rohstoffe stellt. Erdöl ist eine sehr ertragreiche Energiequelle, es ist leicht zu gewinnen und zu transportieren. Nicht nur im Verkehrswesen, sondern auch in der Landwirtschaft, der Heiz- und Pharmaindustrie usw. wird es eingesetzt. Derzeit werden 40 Prozent des weltweiten Energieverbrauchs von Erdöl gedeckt (im Verkehrswesen, das alleine die Hälfte des weltweiten Erdölverbrauchs ausmacht, sind es sogar 95 Prozent). Das erste Bohrloch wurde 1859 im US-amerikanischen Bundesstaat Pennsylvania in Betrieb genommen. Seit diesem Zeitpunkt hat die Weltwirtschaft fast 1 000 Milliarden Barrel Erdöl verbraucht. Gegenwärtig verbraucht sie pro Tag 85 Millionen Barrel, 2002 waren es noch 77 Millionen. Davon verbrennen allein die USA jeden Tag neun Millionen Barrel im Kraftfahrzeugverkehr, während der weltweit größte Exporteur Saudi-Arabien lediglich acht Millionen Barrel am Tag erzeugt.

Momentan ist eine breite Debatte über die Frage im Gang, wie hoch die noch vorhandenen Rohstoffreserven zu beziffern sind und mit welchem Tempo sie aufgebraucht sein werden. Seit 2002 wächst der Erdölverbrauch schneller als das globale Bruttoinlandsprodukt. Somit erleben wir eine radikale Entkoppelung zwischen Angebot und Nachfrage.

Die letzten großen Ölfelder wurden in den sechziger Jahren entdeckt. Die Erdölförderung des weltweit größten Erzeugers Saudi-Arabien, wo die Erschließung der Ölfelder bereits Ende der vierziger Jahre begann, wird aller Voraussicht nach bereits in naher Zukunft zurückgehen – zumal die dortigen Reserven in der Folge der »Quotenkriege«, die jene OPEC-Staaten mit den größten Reserven begünstigten, in den achtziger Jahren künstlich aufgebläht wurden. Seit 1980 verbrauchen wir weltweit vier Barrel für jedes Barrel, das neu entdeckt wird. Mit anderen Worten, seit einem Vierteljahrhundert überschreitet die Höhe des Verbrauchs diejenige der Entdeckung neuer Reserven um das Vierfache. Der Sicherheitsspielraum, der die Differenz zwischen Erdölverbrauch und Erzeugungskapazität bemißt, liegt derzeit bei knapp einem Prozent. Zwar ist es durchaus denkbar, daß noch riesige bislang unbekannte Erdölvorkommen namentlich in Kanada oder Rußland entdeckt werden, doch viele Experten bezweifeln dies. Nirgends auf der Welt gibt es noch unerforschte Gebiete. Und selbst eine derartige Entdeckung würde das Ende nur hinauszögern. Egal, wie hoch die verfügbaren Erdölreserven sind – fest steht, sie sind endlich und werden früher oder später restlos aufgebraucht sein.

Hinzu kommt, daß die Erdölförderung nicht vom ersten bis zum letzten Tropfen kontinuierlich und zu gleichbleibenden Kosten erfolgt. Der Ertrag eines Ölfeldes beschreibt eine Kurve, auf deren Höhepunkt der sogenannte »Hubbert peak« erreicht ist – benannt nach dem Geologen King Hubbert, der den Verlauf der Kurve als erster berechnete –, welcher in etwa dem Moment entspricht, in dem die Erdölvorkommen zur Hälfte ausgeschöpft sind und der Ertrag der Förderung abzunehmen beginnt. Von diesem Peak an steigen die Förderkosten und damit der Preis.

Hubbert hatte 1956 vorausgesagt, daß dieser Punkt des *peak oil* in den USA um 1970 erreicht sein würde. Mit dieser Prognose stieß er auf allgemeine Ungläubigkeit. 1971 war es dann soweit: Seither hat die nordamerikanische Rohölförderung stetig abgenommen und sich damit die Verwundbarkeit der Amerikaner in der Frage der Energieversorgung erhöht. Allein die Kraftstoffverbrennung in den USA, die seit 1986 um durchschnittlich 2,3 Prozent im Jahr gestiegen ist, beträgt immerhin 14 Prozent des gesamten weltweiten Erdölverbrauchs. Darin liegt selbstverständlich der Grund dafür, daß die USA um eine möglichst enge Kontrolle der erdölfördernden Länder im Nahen Osten und Zentralasien sowie ihrer Haupttransportwege bemüht sind. Aus diesem Bemühen erklären sich auch die Kriege im Irak und Afghanistan.

Auf globaler Ebene markiert das globale Ölfördermaximum (*global oil peak*) den Scheitelpunkt, von dem an sich die zurückgehenden Fördermengen aus bereits erschlossenen Vorkommen nicht mehr durch Neuerschließungen kompensieren lassen. Ab diesem Moment führt eine Investitionssteigerung nicht mehr zu einer entsprechenden Steigerung des Ertrags. Dieses Phänomen wird als »Erschöpfung« bezeichnet. Wann wird die Gesamtheit der weltweiten Erdölgewinnung den Hubbert-Peak erreichen? Manche Experten gehen davon aus, daß es noch zwanzig Jahre dauern wird, andere rechnen mit dreißig. Wieder andere, etwa die Geologen Jean Laherrène, Alain Perrodon und Colin Campbell, Gründer der Association for the Study of Peak Oil (ASPO), schätzen, daß es schon 2010, also praktisch morgen, soweit sein wird. Die Fakten scheinen sie zu bestätigen. Aber egal, wer letztlich recht behalten wird – wenn zwischen »optimistischen« und »pessimistischen« Vorhersagen nur ein Unterschied von etwa dreißig Jahren liegt, sind die Zukunftsaussichten in jedem Fall verstörend. Sobald der Hubbert-Peak erreicht ist, werden die Kosten für die Förderung und Erschließung von Erdöl stetig steigen. Die weiterhin steigende Nachfrage bei fallendem Angebot wird explosive Konsequenzen zeitigen. Wie oben bereits ausgeführt, findet Erdöl keineswegs nur im Transport- und Verkehrswesen Verwendung. Es wird darüber hinaus zur Herstellung einer Fülle von Gebrauchsgegenständen benötigt: Kunststoffe, Getreideprodukte und Insektizide, Computer, Baukästen, Straßenbeläge, Autositze, Nylonstrümpfe usw. Der Preisanstieg wird dazu führen, daß das noch verbleibende Erdöl zuvorderst dort benutzt wird, wo die Gewinnspannen am höchsten sind, etwa im Kraftfahrzeugverkehr und der Chemie. Die Flugindustrie würde davon mit voller Wucht getroffen, ebenso die Landwirtschaft. Auch der Welthandel wird davon betroffen sein: Kein Unternehmen wird mehr Produkte ans andere Ende der Welt transportieren oder exportieren, die sich in ihrem Herkunftsland verkaufen lassen. Fische aus skandinavischen Gewässern werden nicht länger nach Marokko geflogen werden, um dort verarbeitet zu werden, Europäer werden in den hiesigen Wintermonaten nicht mehr in den Genuß frischen Obstes aus Chile oder Südafrika kommen. Produkte, die derzeit von niedrigen Transportkosten profitieren, werden wieder zu Luxusgütern werden. Damit wird auch die Standortverlagerung für Unternehmer weniger attraktiv. Das Gesicht der modernen Großstädte, die für den Autoverkehr angelegt sind, wird sich ebenfalls stark verändern.[9]

All dies wird natürlich enorme Auswirkungen auf das globale Finanzsystem haben. Derzeit profitieren die USA gewaltig vom Petrodollar-Prinzip. Alle erdölimportierenden Länder müssen diese Einfuhren in Dollar bezahlen und stützen somit künstlich den Kurs dieser Währung. Der Dollar ist somit zugleich Landeswährung und internationale Rechnungseinheit. In der Praxis heißt das, daß die USA sich ein beträchtliches Außenhandelsdefizit leisten können, ohne mit unmittelbaren Folgen rechnen zu müssen. Wenn dieses System zusammenbricht, werden sie als erste darunter leiden.[10]

Lange bevor die Erdölvorräte vollständig verbraucht sind, wird also die Hausse des Ölpreises ihre Erschließung auf dramatische Weise beeinflussen. Zur Gewinnung von Erdöl, Kohle oder Ölsand wird Energie, und das heißt Erdöl, gebraucht. Mit anderen Worten, es kann eines Tages soweit sein, daß sich die Erdölförderung nicht mehr lohnt – egal, wie hoch sein Preis liegt. Wenn man zur Förderung jedes Barrel Erdöls ein Barrel verbrennen muß, wird man das nicht tun, selbst wenn der Preis für ein Barrel 10 000 Dollar beträgt! Darin liegt das Dilemma, das sich den Methoden der klassischen Wirtschaftswissenschaft entzieht.

Die Hoffnungen vieler ruhen auf der Möglichkeit, Alternativen zu den konventionellen Energiequellen zu finden. Theoretisch existieren diese in großer Zahl, doch lassen sie sich derzeit nur begrenzt nutzen. Zur Förderung von schweren Ölen in Venezuela oder Ölsand in Kanada wird nahezu dieselbe Menge an Energie benötigt, die sich aus ihnen gewinnen läßt. Erdöl durch Erdgas zu ersetzen, kostet ebenfalls viel Energie. Davon abgesehen, daß auch seine Vorräte nicht unerschöpflich sind, ist es wegen seiner geringen Dichte schwierig zu transportieren (die Kosten für Gas-Pipelines liegen vierbis fünfmal so hoch wie beim Erdöl), und die Kühlungsanlagen, in denen es wieder in gasförmigen Zustand versetzt wird, sind ebenfalls kostspielig. Kohle ist noch in größerer Menge vorhanden, doch sie ist eine äußerst schmutzige Energiequelle und trägt gleich doppelt zum Treibhauseffekt bei: Zum einen entstehen bei ihrer Gewinnung Methanemissionen (23mal so klimaschädlich wie Kohlendioxid), zum anderen setzt ihre Verbrennung große Mengen an Kohlenstoffgas frei. Das wesentliche Problem der Atomenergie besteht bekanntlich – neben der Gefahr einer jederzeit möglichen Katastrophe – in der Lagerung von radioaktiven Abfällen mit langen Halbwertszeiten. Im übrigen kann diese Energieart das Erdöl weder im petro-chemischen Bereich noch bei der Herstellung von Gebrauchsgegenständen ersetzen. Wasserstoff ist ein Energievektor, aber keine Energiequelle, und die Kosten für seine kommerzielle Erzeugung betragen das Zweibis Fünffache des dabei verwendeten Kohlenwasserstoffes. Zudem ist seine Lagerung hundertmal so teuer wie die von Erdölerzeugnissen, und bei der Erzeugung einer Tonne Wasserstoff entstehen zehn Tonnen Kohlendioxid!

Als Lieferanten erneuerbarer Energien kommen vor allem Wind, Wasser, Pflanzen und die Sonne in Frage. Zwar sind sie auf den ersten Blick eine vielversprechende Alternative, dennoch wäre es illusorisch, allzu große Hoffnungen in sie zu setzen. Pflanzen haben nur eine sehr geringfügige energetische Kapazität. Die Nutzung von Waldenergie (Verwertung von Nebenprodukten der Holzindustrie) erfordert eine intensive Rodung der Wälder. Biokraftstoffe, die aus Zuckerrüben, Raps oder Zuckerrohr gewonnen werden, bringen einen sehr niedrigen Ertrag. Auch die Leistung der mit Hilfe photovoltaischer Zellen gewonnenen Sonnenenergie ist begrenzt.

Die Nutzung der thermischen Solarenergie findet bislang nur in sehr kleinem Rahmen statt. Wasserkraft ist konkurrenzfähiger, erfordert aber hohe Investitionen. Windkraft ist billig, aber keine zuverlässige Energiequelle, da sie den schwankenden Windstärken unterliegt. Andere

Verfahren wie Biogas, Thermaloder Unterwasserenergie sind ebenfalls nur begrenzt nutzbar.

Ansonsten bleiben nur Techniken wie die Kernschmelze, die »kalte Fusion« oder die CO_2-Sequestrierung. Die meisten von ihnen befinden sich derzeit noch im Entwicklungsstadium, und fast alle erfordern einen hohen Energieverbrauch, der ihre Nutzung unrentabel macht. Im übrigen sind die meisten alternativen Energien überhaupt nur interessant, solange billiges Erdöl verfügbar ist. Zur Kohleförderung und zum Transport von Erz wird beispielsweise viel Energie benötigt. Das gleiche gilt für die Stromerzeugung. Derzeit wird diese Energie von Erdöl, Erdgas oder Kohle geliefert. Zur Herstellung von Biokraftstoffen braucht man Getreide und Pestizide. Somit ist auch hier ohne Erdöl kein ausreichender Ertrag zu erzielen.

Selbstverständlich ist es auch hier durchaus denkbar, daß in Zukunft neue Energiequellen entdeckt werden. Theoretisch wäre dies jederzeit möglich – unter den gegenwärtigen Umständen darauf zu setzen, ist indes waghalsig. In Wahrheit gibt es derzeit keinen energetisch ebenso effizienten und dabei ähnlich kostengünstigen Ersatz für das Erdöl: weder die erneuerbaren Energien noch die klassische Kernkraft, noch die übrigen der Wissenschaft bekannten Alternativen.

Die absehbare Verknappung fossiler Energien hat bereits Kriege um die verbleibenden Ölvorräte ausgelöst. In den kommenden Jahrzehnten werden die ersten Kriege um die Wasserreserven folgen.[11] Zwischen 1950 und 2000 hat sich der weltweite Wasserverbrauch mehr als verdreifacht. Im Laufe der vergangenen acht Jahre ist er sogar noch einmal um das Sechsfache gestiegen. Die Menschheit verbraucht gegenwärtig fast 55 Prozent der unter normalen Umständen verfügbaren Pumpleistung, zwei Drittel davon in der Landwirtschaft. Auch hier wird die Nachfrage schon aufgrund des Bevölkerungswachstums und der Grundwasserverschmutzung weiter steigen. Mithin wird auch das Wasser demnächst zu einer seltenen Ressource werden. Zwischen der Türkei und ihren Nachbarstaaten, zwischen Israel und Palästina, zwischen Indien, Pakistan und Bangladesch, zwischen Ägypten, Äthiopien und dem Sudan schwelen bereits Konflikte darum.

Laut Peter Barrett, dem Direktor des Antarktischen Forschungszentrums an der Victoria University im neuseeländischen Wellington, »stellt uns die derzeitige Wachstumsentwicklung vor die Aussicht des Untergangs der Zivilisation im heutigen Sinn, nicht etwa innerhalb von Jahrmillionen oder Jahrtausenden, sondern noch vor dem Ende dieses Jahrhunderts«.[12]

2

Während über den Ernst der Lage Übereinstimmung herrscht, unterscheiden sich die Vorschläge zur Lösung der Probleme erheblich. Momentan ist gerade das Schlagwort der »nachhaltigen Entwicklung« (*sustainable development*) in Mode, das in den frühen achtziger Jahren den Begriff des *eco-development* abzulösen begann. Letzterer ist eine Schöpfung Maurice Strongs aus dem Jahr 1973 und wurde zunächst von Autoren wie Ignacy Sachs, Gunnar Myrdal, Amartya Senn, Colin Clark und anderen aufgegriffen,[13] dann aber allmählich wieder fallengelassen.

Den Gedanken der nachhaltigen Entwicklung machte 1987 der berühmte Brundtland-Bericht (*Our Common Future*) einer breiten Öffentlichkeit bekannt. Endgültig setzte er sich beim »Erd-Gipfel« in Rio de Janeiro von 1992 durch,[14] der diesen Bericht als einen seiner Grundlagentexte benutzte.[15] Der Brundtland-Bericht definiert nachhaltige Entwicklung als einen »Prozeß tiefgreifender Veränderungen, in dem die Nutzung der Ressourcen, die Struktur der Investitionen, die Art des technischen Fortschritts und die institutionellen Strukturen mit den zukünftigen und den gegenwärtigen Bedürfnissen in Einklang gebracht werden«. Derselbe Grundsatz findet sich in der 1992 anläßlich des RioGipfels veröffentlichten UNO-Broschüre. Dort heißt es, mit Hilfe »ökologisch vernünftiger Techniken« müsse vermieden werden, daß die wirtschaftliche Aktivität der Menschen die Umwelt in einem Maße verschmutzt, das ihre natürliche Regenerationsfähigkeit übersteigt.

Tatsächlich wird schnell deutlich, daß der Begriff der »nachhaltigen Entwicklung« von Anfang an recht vage formuliert ist. Im Brundtland-

Bericht ist die Rede von der Notwendigkeit, die »Möglichkeit zukünftiger Generationen« zu gewährleisten, »ihre eigenen Bedürfnisse zu befriedigen und ihren Lebensstil zu wählen«.

Man hütet sich jedoch wohlweislich davor, diese Bedürfnisse zu definieren. Zwischen den Zeilen läßt sich entnehmen, daß diese als identisch mit denjenigen der heutigen Generation angenommen werden, das heißt zunehmend konsumorientiert. Auch die praktischen wirtschaftlichen und politischen Maßnahmen, mittels derer sich »ökologisch vernünftige Techniken« umsetzen lassen, werden nicht genauer benannt. Der Bericht bringt eher ein Anliegen zum Ausdruck, als daß er eine klare Linie vorgibt – so erklärt sich zweifellos, warum er in den unterschiedlichsten Kreisen auf weitgehende Akzeptanz stieß.

Unter den zahlreichen Deutungsmöglichkeiten haben sich zwei recht unterschiedliche Sichtweisen durchgesetzt.[16] Die erste legt die Betonung auf den Erhalt der Artenvielfalt und der Ökosysteme und bemißt die Legitimität wirtschaftlicher Entwicklung an der dabei waltenden Achtung der Umwelt. Die zweite Deutung stellt dagegen das Wachstum in den Vordergrund: Gerade um sich dauerhafte Wachstumsmöglichkeiten zu sichern, muß die Wirtschaft ökologische Aspekte berücksichtigen. Die Achtung vor der Natur ist somit lediglich die notwendige Voraussetzung, damit die Wirtschaft weiter wachsen kann. Statt an den Wachstumsgrenzen orientiert sich diese Perspektive lieber am Begriff der »Kohärenz« (zwischen den Bedürfnissen der Wirtschaft und den weltweiten natürlichen Ressourcen). Auf letzterem Standpunkt, der durchaus mit dem Geist des Brundtland-Berichts im Einklang steht (auch dort ist von der Notwendigkeit des Wachstums die Rede), steht selbstredend die Mehrheit der Ökonomen, Politiker und Industriellen. Zwar mutet erstere Position auf den ersten Blick sympathischer an, doch treffen sich beide in der Überzeugung, daß es mit Hilfe geeigneter Maßnahmen möglich sei, Umweltschutz und die Interessen der Wirtschaft miteinander zu vereinbaren.

Der Präsident von BP France, Michel de Fabiani, mußte also nicht mit Widerspruch rechnen, als er am 11. Oktober 2001 in seinem Rechenschaftsbericht über das 4. Parlamentarische Treffen zur Energie kaltblütig erklärte: »Nachhaltige Entwicklung bedeutet zuallererst, mehr Energie zu erzeugen, mehr Erdöl, mehr Erdgas, vielleicht mehr Kohle und Kernkraft, und sicherlich mehr erneuerbare Energien. Gleichzeitig muß gewährleistet sein, daß der Umwelt dadurch kein Schaden entsteht.«

Die Verfechter der nachhaltigen Entwicklung lernten schnell, eine Unterscheidung zu treffen zwischen »starker Nachhaltigkeit«, also dem Bemühen um eine Intakthaltung der natürlichen Ressourcen, und »schwacher Nachhaltigkeit«, die lediglich darauf hinauslief, die »Gewinnspanne« der Erdausbeutung zu berechnen, also die Differenz zwischen dem Marktpreis der Rohstoffe und den Kosten für ihre Gewinnung. Dieser Differenzbetrag sollte dann in »Ersatzkapital« reinvestiert werden.

Zu den Anhängern der »Öko-Wirtschaft« zählt eine Reihe von Reform-Ökonomen wie Lester Brown, Pearce, Bishop oder Turner, die der Meinung sind, daß die Marktwirtschaft auf der Grundlage des Dienstleistungssektors und der Wiederverwertung von Energien im günstigsten Fall positiv auf die Umwelt einwirken könnte.[17] Die Verfasser des »Faktor 4«-Berichts, Ernst Ulrich von Weizsäcker, Amory und Hunter Lovins, behaupten sogar, bereits heute ließe sich das Produktionsvolumen mit einem Viertel an Energie und Rohstoffen aufrechterhalten. Zumeist vertreten sie die Ansicht, die Mittel, bei einem geringeren Energie- und Rohstoffverbrauch dieselbe Menge an Gütern und Dienstleistungen zu produzieren, seien schon vorhanden. Der Staat müsse umweltpolitisch aktiv werden, »öko-effiziente« Maßnahmen durchsetzen und Fördergelder in ökologische Belange umleiten. Sie befürworten in der Regel diverse Umweltsteuern, neue stadtplanerische Ansätze, eine Umstrukturierung der Industrieproduktion usw. »Öko-Effizienz« besteht demnach darin, die Umweltverschmutzung und das Ausmaß des Rohstoffabbaus auf ein mit der Belastbarkeit des Planeten kompatibles Niveau zu reduzieren.

Entsprechend verbinden sich mit dem Schlagwort der nachhaltigen Entwicklung hauptsächlich Vorschläge zu Verboten, Regulierungsmaßnahmen, Umweltsteuern oder Anreizen zu »umweltfreundlicheren«

Verhaltensweisen. Bislang haben sich alle diese Maßnamen zusammen außerstande erwiesen, eine weltweite Verschlechterung der Lage zu verhindern. Die Verbote sind selten verpflichtend und werden noch seltener eingehalten, zusätzlich anfallende Steuerbeträge oder Gebühren sind oft lächerlich im Vergleich zu den entstandenen Schäden, und kein noch so vorbildliches umweltfreundliches Verhalten vermag die Zerstörungen der vergangenen Jahrzehnte rückgängig zu machen.

Das Prinzip, Umweltverschmutzer finanziell haftbar zu machen, um auf diese Weise externe Kosten zu internalisieren, so daß die Marktpreise die »ökologische Realität« reflektieren, geht auf Ronald Coases Modell und die Lehren des englischen Ökonomen Arthur Cecil Pigou (1877–1959) zurück. Es beinhaltet die Besteuerung von Umweltverschmutzungen in einer Höhe, die für gegenwärtige oder zukünftige Schäden kompensiert. Alternativ wird den Umweltverschmutzern freigestellt, selber mit den Opfern der von ihnen verursachten oder noch zu verursachenden Umweltverschmutzungen über die Zahlung eines akzeptablen Schadenausgleichs zu verhandeln. Die ersten Ergebnisse dieser Doktrin, die bislang insbesondere in den USA angewandt wurde, fallen nicht gerade vielversprechend aus. Tatsächlich läuft dieses Modell darauf hinaus, einen regelrechten Markt für das Recht auf Umweltverschmutzung zu schaffen. Davon profitieren zunächst die Konzerne, die die schlimmsten Umweltverschmutzungen verursachen und sich leisten können, dafür zu bezahlen. Auch führt dies keineswegs zu einem Rückgang der Verschmutzungen, sondern diese werden lediglich zu einer Ausgabe, die die betreffenden Konzerne in ihr Budget integrieren und bei ihrer Preisgestaltung berücksichtigen. Und bei den »freien Verhandlungen« zwischen Verursachern und Opfern von Umweltschäden über eine gerechte Kompensation sitzen erstere aufgrund ihrer Finanzmacht eindeutig am längeren Hebel. Es werden sich immer Opfer finden, die sich durch die Höhe der ihnen versprochenen Wiedergutmachung überzeugen lassen. Wer kann es armen Staaten schon zum Vorwurf machen, wenn sie zu Reichtum kommen wollen, indem sie einem multinationalen Konzern erlauben, ihre natürliche Lebenswelt zu verheeren?[18]

Die Vergabe von »Verschmutzungsrechten« kann im übrigen nur zu fiktiven Preisen erfolgen, die auf Schätzungen beruhen. Die »Gesamtkosten« einer Umweltverschmutzung lassen sich nicht berechnen, denn dabei bleiben die langfristigen Konsequenzen unberücksichtigt, die doch ebenfalls einen Teil dieser Kosten ausmachen. Ein solcher Markt kann nur die unmittelbaren, punktuellen Auswirkungen gewisser Arten von Umweltverschmutzung in Rechnung stellen, nicht aber solche Schäden, die sich erst im Laufe der Zeit bemerkbar machen und derer sich die Verursacher in der Regel selber nicht bewußt sind (nitratverseuchtes Wasser etwa sieht genauso klar aus wie sauberes Wasser). Auch die Kosten der Zerstörung natürlicher Ökosysteme durch Verschmutzungen lassen sich nicht finanziell kalkulieren. Vollkommen untauglich sind »Verschmutzungsgenehmigungen« schließlich im Umgang mit größeren technologischen Risiken oder irreversiblen Umweltschäden.

Das Prinzip der »Umweltökonomie« hat sich auf der Grundlage von Kosten/Nutzen-Analysen durchgesetzt. Die meisten der heute verfügbaren Daten zeigen, daß Maßnahmen zum Schutz der Natur immer geringere Kosten verursachen als die bei Unterlassung derartiger Maßnahmen entstehenden Schäden. Das dabei angewandte Kompensationsverfahren wurde 1977 von Harwick entwickelt: Um Verteilungsgerechtigkeit zwischen den heutigen und den zukünftigen Generationen herzustellen, sollen die aus dem Abbau natürlicher Ressourcen erzielten Gewinne – also die Differenz zwischen den Kosten für die Gewinnung dieser Ressourcen und deren Marktpreis – reinvestiert werden, und zwar in die Erzeugung eines »Ersatzkapitals« für das dabei vernichtete »natürliche Kapital«. Dieses Prinzip entspricht der klassischen Wachstumslehre, der zufolge die Produktion trotz schwindender natürlicher Ressourcen gesteigert werden kann, solange das Kapitalvolumen steigt. Das bezeichnet man als »Entmaterialisierung des Kapitals«. Entsprechend ebendieser Doktrin geht die Lehre der nachhaltigen Entwicklung davon aus, daß natürliche Ressourcen stets durch Kapital ersetzbar sind.[19] Die Entwicklung ist um so »nachhaltiger«, je größer die »Ersetzbarkeit« verbrauchter natürlicher Ressourcen durch reproduzierbares Kapital. Das Problem ist, daß das Erbe der

Natur niemals vollkommen durch Finanzkapital ersetzbar ist. Ersteres überhaupt als »Kapital« zu betrachten, ist lediglich ein sprachlicher Kunstgriff, denn der Wert natürlicher Ressourcen läßt sich nicht mit den Begriffen der Wirtschaft erfassen: Als Voraussetzung des menschlichen Überlebens sind sie unbezahlbar, was wiederum bedeutet, daß die Kosten ihrer Zerstörung unermeßlich sind. Ein Kapital, das die nicht erneuerbaren Energien ersetzen könnte, gibt es nicht.

Letztlich bewegt der »Verschmutzungsmarkt« die umweltverschmutzenden Industrien nicht etwa zur Verringerung ihrer schädlichen Emissionen, die hier schlicht als »Negativposten« in der Bilanz auftauchen. Vielmehr wälzen sie die zukünftigen Verschmutzungsopfern zugestandenen Zahlungen über den Preis auf ihre Kunden ab. Eben deswegen weicht der 1992 in der Abschlußerklärung des Klimagipfels von Rio festgeschriebene Grundsatz »Wer verschmutzt, der bezahlt« heutzutage zunehmend Wiederverwertungs- und Pfandsystemen. Mehr und mehr werden auch »Ökosteuern« erhoben, also Abgaben, die unmittelbar an der Quelle der umweltschädlichen Aktivitäten anfallen.

Verfechter der nachhaltigen Entwicklung beschwören die Notwendigkeit, Konservierungsoder Vorbeugungsmaßnahmen zu ergreifen, die den ökologischen Risiken angemessen sind. Wie lassen sich diese Risiken aber bemessen, ist doch Ungewißheit auf diesem Gebiet die Regel? Und wer soll entscheiden, welche Maßnahmen zu ergreifen sind? »Die politischen Entscheidungsträger? Sie sind in einer kurzfristigen Logik von einem Wahlkampf zum nächsten befangen. Die Experten? Allzuoft werden sie in Gremien berufen, die den Machthabern hörig sind. Die betroffenen Wissenschaftler? Sie würden sich lobbyistischer Aktivität verdächtig machen. Die Industriellen? Sie sind jedoch blind für mittelfristige Prognosen der Grundlagenforschung. Und die öffentliche Meinung ist keineswegs besser im Bilde, zumal wenn sie von Interessengruppen beeinflußt, um nicht zu sagen manipuliert wird.«[20]

De facto stärkt die Vielzahl von der Lehre der »nachhaltigen Entwicklung« inspirierter Maßnahmen staatliche und überstaatliche Bürokratien und technokratische Kontrollinstanzen in ihrer Autorität. Sie führt »im Rahmen des Industrialismus und der Logik des Markts zu einer Ausweitung der technobürokratischen Macht. [...] Sie schafft die Autonomie des Politischen zugunsten der Expertokratie ab, indem sie den Staat und die von ihm bestellten Experten zu Richtern über das Allgemeinwohl und über die Mittel erhöht, ihm die Individuen zu unterwerfen.«[21] Daß auf konkrete Vorschläge, die im Rahmen großer internationaler Konferenzen gemacht werden, selten Taten folgen, liegt sowohl an hartnäckigen Widerständen seitens der Großindustrie als auch an bestimmten nationalen Egoismen. Eben deswegen verschließen sich die USA, deren Pro-KopfEnergieverbrauch doppelt so hoch liegt wie in Europa, jedwedem international verpflichtenden Abkommen über die Kohlendioxydemissionen. Frankreich wiederum lehnt nach wie vor den Gedanken einer Ökosteuer ab, die den verschmutzenden Industrien von den Institutionen der EU aufzuerlegen wäre. Ein weiteres typisches Beispiel ist der Artenschutz, einer der Schlüsselbegriffe von Rio. Zum Abschluß des Klimagipfels unterzeichneten 160 der 172 dort vertretenen Staaten eine Konvention zum Erhalt der Artenvielfalt. Im Mai 1993 fand im norwegischen Trondheim ein Folgetreffen statt, um zu einer Einigung über die Modalitäten ihrer Umsetzung zu gelangen. Indes haben die USA sich schlichtweg geweigert, den in Rio verabschiedeten Text zu unterzeichnen. Ihr Vorwand lautete, die Interessen ihrer Pharma-Industrie könnten darunter leiden.

Nachhaltige Entwicklung ist somit zuvorderst ein mediales Schlagwort, das zur Beschwichtigung dienen soll. Im besten Fall kann sie den Untergang hinauszögern. Für Michel Serres gleicht diese Ökologie reformistischen Typs »einem Schiff, das mit 25 Knoten auf einen Felsen zusteuert, an dem es unweigerlich zerschellen muß, und dessen Steuermann dem Maschinenraum empfiehlt, die Geschwindigkeit um ein Zehntel zu drosseln, ohne den Kurs zu ändern.«[22]

Für Verfechter der nachhaltigen Entwicklung ist die Umwelt nur ein einschränkender Faktor, der die gesellschaftlichen Kosten für das reibungslose Funktionieren eines Systems erhöht, das sich der endlos steigenden Produktion von Waren verschrieben hat. Das Prinzip eines grenzenlosen Wachstums wird somit überhaupt nicht in Frage gestellt, sondern lediglich so getan, als ließe es sich mit den Erfordernissen des Umweltschutzes in Einklang bringen. Um die Möglichkeit eines dauerhaften Wachstums zu bewahren, forscht man nach Wegen, damit dieses Wachstum nicht in die ökologische Katastrophe mündet. Ein solcher Ansatz kommt der sprichwörtlichen Quadratur des Kreises gleich. Wenn man zugibt, daß die wirtschaftliche Entwicklung den Hauptgrund für die Zerstörung der Umwelt darstellt, ist es vollkommen illusorisch, die Bedürfnisse der heute Lebenden »ökologisch« befriedigen zu wollen, ohne diese Bedürfnisse als solche zu hinterfragen – von den entsprechenden Bedürfnissen »zukünftiger Generationen« ganz zu schweigen. Wie Edgar Morin treffend feststellt, mäßigt die Nachhaltigkeitslehre »die Entwicklung lediglich durch die Berücksichtigung des ökologischen Kontexts, ohne jedoch ihre Grundsätze in Frage zu stellen«. Problemen begegnet sie mit der Entwicklung von »Kontrolltechnologien, die den Auswirkungen dieser Übel entgegenwirken und zugleich ihre Ursachen befördern«.[23] Damit erweist sie sich als besonders tückische Täuschung, da sie weismacht, es sei möglich, diese Krise zu beheben, ohne die Logik der Marktwirtschaft, die ökonomistische Durchdringung aller Lebensbereiche, das Geldwesen und die unendliche Expansion des Kapitals in Frage zu stellen. Tatsächlich verdammt sich eine solche Denkweise langfristig selber zum Scheitern, weil sie den Mustern eines Systems von Produktion und Konsum verhaftet bleibt, das die wesentliche Ursache für die Schäden ist, die die Nachhaltigkeitslehre angeblich bekämpfen und beheben will.

Das Ideal des unbegrenzten Wachstums steht schließlich unübersehbar auf einem ethnozentrischen Sockel. Hier wird nämlich ein westliches Modell von Produktion und Konsum für universell, allgemeingültig erklärt: Mit Hilfe gewisser »struktureller Anpassungen« sei es für sämtliche Völker der Welt erreichbar und erstrebenswert. Somit wird ein zeitlich (an die Moderne) und räumlich (an den Westen) gebundenes spezifisches Entwicklungsmodell verallgemeinert. Insofern ist die Entwicklung lediglich die Fortsetzung der Kolonisation mit anderen Mitteln, wie Serge Latouche überzeugend dargelegt hat – und sie ist der bislang letzte in einer langen Geschichte von Versuchen, das Andere zum Selben zu machen.[24]

»Entwicklung ist nicht kulturell neutral«, schreibt Stéphane Bonnevault. »Tatsächlich beruht sie auf einer Reihe von Überzeugungen und gesellschaftlichen Grundannahmen, die zutiefst in der westlichen Vorstellungswelt verankert sind. Diese wird als naturgegeben und allgemeingültig gedeutet [...] Der Entwicklungsprozeß stellt ein typisch westliches Projekt dar, dessen Ursprünge mit der Etablierung der Ökonomie als zentraler Kategorie des gesellschaftlichen Lebens zusammenfallen und dessen grundlegender Mechanismus eindeutig die Belastung des Menschen und der Natur ist, um ein grenzenloses Wirtschaftswachstum zu gewährleisten, das ganz selbstverständlich als ›gut‹ und ›notwendig‹ betrachtet wird [...] Über den Umweg der Entwicklung erreicht die kulturelle Hegemonie des Westens genau in dem Augenblick ihr volles Ausmaß, in dem seine politische Vormachtstellung am stärksten bedroht ist.«[25]

Ökologische Anliegen genießen in den westlichen Ländern zwar einen gewissen Stellenwert, der sich manchmal sogar in regierungsamtlichen Dokumenten niederschlägt, in denen ausdrücklich von »Pflichten gegenüber der Umwelt« die Rede ist (etwa das in der bayerischen Landesverfassung enthaltene »Umweltschutzgebot«). Zudem haben wir uns mittlerweile daran gewöhnt, Energiesparlampen anstelle von Glühbirnen zu benutzen, Strom aus Windkraft- und Solaranlagen zu beziehen, Haushaltsmüll zu trennen, Altpapier als Rohstoff wiederzuverwerten, Plastikflaschen und -tüten zu vermeiden, ein wenig umweltfreundlichere Autos zu fahren (Einbau von Katalysatoren, bleifreies Benzin) und diese mit anderen Benutzern zu teilen. Die Mode der »Bio«-Ernährung wiederum ist weniger ökologisch als vielmehr aus Sorge um das Selbst motiviert (den meisten geht es nicht so sehr darum, die Natur zu schützen, sondern ihre eigene Gesundheit zu hüten). Solche neuen Angewohnheiten haben jedoch bestenfalls marginale Wirkung, zumal sie sich längst nicht so schnell in der Bevölkerung durchsetzen, wie die Probleme sich verschlimmern. Die Ökologie ist heute in aller Munde, aber seither hat sich die Situation weltweit keineswegs verbessert – ganz im Gegenteil. Allen schönen Worten und Grundsatzerklärungen zum Trotz ist das Profitmotiv stärker denn je.

3

Unser Verbrauch an Rohstoffen übersteigt mittlerweile die Rate ihrer Erneuerung oder Neuentdeckung. Und immer noch steigt die Nachfrage unaufhörlich. Für die nächsten zwanzig Jahre wird eine Verdopplung des weltweiten Energieverbrauchs vorhergesagt. Wie soll das möglich sein? Die Wachstumsbefürworter geben sich mit dem Glauben zufrieden, daß die menschliche Intelligenz unerschöpflich sei. Sie behaupten, der technische Fortschritt werde in Zukunft Lösungen für Probleme finden, die in früheren Stadien ebendieses Fortschritts offenbar (und durch ihn verursacht) wurden. Mit anderen Worten ist der Fortschritt ihrer Ansicht nach so geartet, daß er seine eigenen Fehler korrigiert. Die These der Vordenker der sogenannten *backstop technology* lautet: Es sei unsinnig, sich über ökologische Beschränkungen Gedanken zu machen, denn der technische Fortschritt werde Wege aufzeigen, um neue Energiequellen zu erschließen und die vor ihrer Erschöpfung stehenden Ressourcen zu ersetzen. Das ist ein Zirkelschluß – und zugleich eine Verleugnung des berühmten Gödel-Theorems, »dem zufolge jedes System einen Kulminationspunkt erreicht, von dem an die Probleme, die es verursacht, sich nur noch lösen lassen, indem man das System verläßt« (Gilbert Rist).

Der Gedanke der nachhaltigen *Wachstumsrücknahme* (oder lebensfähigen Wachstumsrücknahme) geht von der ganz schlichten Feststellung aus, daß in einem endlichen Raum kein unendliches Wachstum möglich ist. Hier steht eindeutig der Begriff der Grenze im Vordergrund. Die natürlichen Ressourcen sind ebenso begrenzt wie die Anpassungsfähigkeit von Biotopen. Die Biosphäre hat ihre Grenzen. Genauso wie ein einzelner Mensch, der den Hauptteil seiner Ausgaben aus seinem Vermögen statt aus seinen Einnahmen bestreitet, früher oder später bankrott geht, steuern Gesellschaften auf eine Katastrophe zu, wenn sie die natürlichen Ressourcen des Planeten verbrauchen, als seien diese unerschöpflich. Man kann nicht dauerhaft aus einem Kapital schöpfen, das sich nicht in gleicher Höhe erneuert.

Der Entwicklungsgedanke geht Hand in Hand mit dem eigentlichen Prinzip der kapitalistischen Wirtschaft, die auf der Leugnung aller Grenzen beruht: ein grenzenloses Wachstum zur Befriedigung von Bedürfnissen, die ihrerseits als grenzenlos postuliert werden.[26] Bislang setzte Wirtschaftswachstum indes stets voraus, daß eine zunehmende Menge an natürlichen Ressourcen gewonnen wurde. Die wirtschaftliche Aktivität der Neuzeit gründet somit auf der Vorstellung, die Natur sei ein kostenlos zur Verfügung stehendes Gut, das sich aber ebenso wie der Mensch selber in mit einem Marktwert versehene Ware umwandeln lasse. Diese Hypothese von der freien Verfügbarkeit des Planeten Erde bildete die Grundlage unzähliger Diskurse zu diesem Thema und wurde dabei stets als grenzenlos betrachtet. »Die Schätze der Natur«, schrieb Jean-Baptiste Say naiv, »sind unerschöpflich, denn sonst würden wir sie nicht umsonst erhalten. Da sie weder vervielfacht noch erschöpft werden können, sind sie nicht Forschungsgegenstand der Wirtschaftswissenschaft.«[27] Ob Liberale, Marxisten, Keynesianer oder Malthusianer – keine Richtung der klassischen Ökonomie ist jemals über dieses Denken des 19. Jahrhunderts hinausgekommen, dem die Natur als nach Belieben auszubeutende Ressource galt. Kenneth Boulding stellt fest: »Wer glaubt, ein exponentielles Wachstum könne in einer endlichen Welt unendlich weitergehen, ist ein Tor – oder ein Ökonom!«

Nach der liberalen Doktrin hat letztlich nur Geld und Ware einen Wert, und Reichtum läßt sich nur in vom Markt bestimmten Preisen bemessen. Vertreter dieser Weltsicht beanspruchen für das Gesetz des Marktes dieselbe Gültigkeit wie für die Gesetze der Physik: Es alleine sei imstande, sämtliche Probleme zu lösen, vor denen eine Gesellschaft stehen kann. Wie alle Wissenschaften macht auch die »wissenschaftliche« Ökonomie keinerlei Aussagen über ihre Zwecke, über den guten oder schlechten Charakter wirtschaftlicher Aktivität, und schon gar nicht ist sie imstande, sich selber Grenzen zu setzen. Man könnte auch sagen, sie hält jedes Mittel, das geeignet ist, wirtschaftliche Aktivität zu stimulieren, zu fördern, zu maximieren, allein deshalb für »gut« – ungeachtet aller Konsequenzen. Wenn alles, was möglich ist, für gut gehalten wird, folgt daraus, daß *mehr* immer *besser* ist. Nach dieser Sichtweise hat Energie denselben Wert wie jeder andere Rohstoff – dabei ist sie in Wirklichkeit die unabdingliche Voraussetzung zur Gewinnung anderer Ressourcen.

Den natürlichen Ressourcen und der Natur selber spricht diese Weltsicht jedweden eigenen Wert ab. Sie haben lediglich einen Gebrauchswert, und von dieser Ausgangsposition gelangt man schnell zu der Überzeugung, sie ließen sich künstlich ersetzen. Die Liberalen glauben, wenn ein Rohstoff zu Ende gehe, steige sein Preis, so daß die Nachfrage sinkt. Die Erschöpfung eines Rohstoffs ist demnach keineswegs Anlaß zur Beunruhigung: Der Preis bemißt objektiv die Knappheit einer Ressource und damit ihren Realwert. Wird dieser Preis den Verbrauchern oder Herstellern zu hoch, orientieren sie sich um oder investieren in neue Produktionsmethoden. Auf die natürlichen Rohstoffe ist diese Theorie allerdings nicht anwendbar, weil die Nachfrage sich (bei Beibehaltung des gegenwärtigen Lebensstils) nicht drosseln läßt und die Ressourcen nicht ersetzbar sind. Somit befindet man sich im Dilemma eines Drogensüchtigen, dem keine andere Wahl bleibt, als jeden noch so hohen Preis für seine Droge zu bezahlen, da er sie durch nichts anderes ersetzen kann. Investitionen in Wirtschaftssektoren, in denen aufgrund der Ressourcenverknappung die Preise steigen, beschleunigen zudem lediglich das Ende.[28]

Um aus ebendiesem Teufelskreis herauszukommen, schlagen einige Ökonomen, Theoretiker und Umweltethiker einen alternativen Ansatz vor. Statt sich mit der finanziellen Berechnung der Risiken, der Festlegung von Verschmutzungsgrenzen, Erhebung und Erhöhung von Steuern, Geldstrafen und anderen staatlichen Reglementierungen zu begnügen, fordern sie ein totales Umdenken bezüglich der Art und Weise des gesellschaftlichen Zusammenlebens, eine Beendigung der Hegemonie des Produktivismus und der instrumentellen Vernunft. Kurz gesagt: Schluß mit der Religion des Wachstums und dem Monotheismus des Marktes, Schluß damit, die Auswirkungen statt der Ursachen zu bekämpfen. Dies jedenfalls wollen die Verfechter der Wachstumsrücknahme.

Die These von der Notwendigkeit einer Wachstumsrücknahme stammt aus den frühen siebziger Jahren. Die ersten radikalen Kritiken des Wirtschaftswachstums wurden 1972 auf der Umweltkonferenz der Vereinten Nationen in Stockholm laut. Im selben Jahr erschien der berühmte Bericht des Club of Rome (Meadows-Bericht) über »Die Grenzen des Wachstums«, der seinerzeit lebhafte Debatten auslöste.[29] In den Jahrzehnten, die seither vergangen sind, blieb mehr oder weniger alles beim alten. Angesichts der wachsenden Ungleichheit als Folge der Globalisierung und der deutlichen Verschlimmerung der ökologischen Lage wurde das Thema indes Anfang der 1990er Jahre mit mehr Offenheit von neuem aufgegriffen.

Hauptvertreter dieses Gedankens sind heute der französische Ökonom und Soziologe Serge Latouche,[30] der englische Ökologe Edward Goldsmith,[31] aber auch der Schweizer Jacques Grinevald oder Italiener wie Mauro Bonaiuti. Zu den Organisationen, die sie verfechten, zählen das Netzwerk der Wachstumsgegner (Réseau des objecteurs de croissance pour l'après-développement), das Institut für Wachstumsrücknahme (Institut pour la décroissance), die Vereinigung der Freunde von François Partant (La ligne d'horizon)[32] sowie Zeitschriften wie *L'Écologiste*, *Silence* und *Décroissance*.[33]

Die erste internationale Tagung zur Wachstumsrücknahme fand vom 28. Februar bis 3. März 2002 unter Schirmherrschaft der Unesco statt. Veranstaltet wurde es von La ligne d'horizon, die unter dem Motto »Défaire le développement, refaire le monde« über siebenhundert Teilnehmer zusammenbrachte.[34] Eine weitere Tagung wurde am 26. und 27. September auf Initiative der Werbungsgegner Casseurs de pub und der Zeitschrift *Silence* im Kloster Le Corbusier in der Nähe von Lyon abgehalten. Vom 8. bis 14. September 2005 veranstalteten diverse Organisationen, darunter Associazione antiutilitarista di critica sociale, Associazione del tempo scelto und Rete di economia solidale, eine Sommerakademie am italienischen Trasimeo-See. Zu den Dozenten zählten neben anderen Serge Latouche, Pietro Barcellona, Pasquale Serra, Claudio Bazzocchi, Mauro Bonaiuti, Davide Biolghini und Wolfgang Sachs.

Der rumänische Ökonom Nicholas Georgescu-Roegen (1906–1994), Professor an der Vanderbilt University im US-Bundesstaat Tennessee, stellte als erster die Wachstumsrücknahme als eine unvermeidliche Konsequenz aus den Grenzen dar, die uns die Natur auferlegt. Seine Grundthese besagt, daß jede wirtschaftliche Aktivität ein zerstörerischer Prozeß ist.[35] Georgescu-Roegen stützt sich vornehmlich auf den zweiten Grundsatz der Thermodynamik, das 1824 von Sadi Carnot entdeckte Gesetz der Entropie. Entropie beschreibt einen nicht wieder rückgängig zu machenden Prozeß: Die mechanische Energie, die in der Industrie zum Einsatz kommt, wird größtenteils in Wärme umgewandelt; hat sich diese kalorische Energie einmal verflüchtigt, kann daraus nie wieder mechanische Energie werden. Mit den Energieressourcen der Erde als begrenztes und nicht erneuerbares Kapital verhält es sich laut Georgescu-Roegen genauso. Die klassische liberale Wirtschaftslehre folge dem Modell der Newtonschen Mechanik, ignoriere also die Thermodynamik und das Gesetz der Entropie und somit die Unumkehrbarkeit der stofflichen und energetischen Umwandlungsprozesse. Sie treffe keinerlei Unterscheidung zwischen Rohstoffbeständen und Geldflüssen, zwischen Kapital und ökologischen Erträgen. Da ökonomische Prozesse aber entropisch verliefen, so Georgescu-Roegen weiter, sei der Wachstumsrückgang wirtschaftlicher Produktion den Gesetzen der Physik zufolge unvermeidbar.[36] Die Vorstellung von einem permanenten Wirtschaftswachstum, die uns heute so selbstverständlich vorkommt, ist in Wirklichkeit eine neuzeitliche Idee. Während der allerlängsten Zeit der Menschheitsgeschichte, als menschliche Gesellschaften zuvorderst um das eigene Überleben und den Erhalt ihrer sozialen Strukturen bei einer minimalen Verbesserung ihrer Existenzbedingungen bemüht waren, spielte sie keinerlei Rolle. Heute ist sie regelrecht zum Dogma geworden. Politiker aller Parteien führen ständig das Wort »Wachstum« im Mund. Die Unternehmen sollen dafür sorgen, daß das Wachstum »dynamisch« bleibt. Das »Anziehen des Wachstums« trägt zur Lösung des Arbeitslosenproblems bei. Die Gesundheit der Volkswirtschaft wird mit Hilfe eines »Wachstumsindexes« gemessen. Das Wachstum als solches wird in all diesen Diskursen niemals hinterfragt. Es hat den Rang einer selbstverständlichen Notwendigkeit – allenfalls an deren Umsetzung oder der Verteilung ihres Ertrags dürfen sich die Geister scheiden. Was George W. Bush am 14. Februar 2002 in Silver Spring sagte, ist demnach allgemeiner Konsens: »Als Schlüssel zum ökologischen Fortschritt [...] ist das Wirtschaftswachstum die Lösung und nicht das Problem.« Auf ebendiese Logik stützt sich ein Ökonom wie Julian Simon, wenn er die Prophezeiung wagt, daß »in einem oder zwei Jahrhunderten sämtliche Staaten und der Großteil der Menschheit den heutigen Lebensstandard des Westens übertroffen haben werden«![37]

Der klassische liberale Wachstumsbegriff meint nicht nur den Anstieg des Gesamtumsatzes oder die regelmäßige Zunahme von Produktion und Konsum. Er wird auch als Synonym für steigende Gewinne verwandt, denn jedes Unternehmen verfolgt das Ziel, kontinuierlich seinen Profit zu mehren. Die Wirtschaftsleistung wird an der Entwicklung des Bruttoinlandsprodukts (BIP) gemessen und isoliert erforscht und bewertet. Das damit beschriebene Wachstum ist ein rein quantitatives, eindimensionales.

Die Theorie der Wachstumsrücknahme setzt genau hier an und hat sich aus einer Kritik des BIP als ungenügenden Meßinstruments entwickelt. Dabei geht es im wesentlichen um zwei Kritikpunkte. Zum einen wird beanstandet, daß das BIP weder das Wohlergehen noch die Lebensqualität der Bevölkerung berücksichtigt, sondern alleine den Mehrwert aller gehandelten Produkte und Dienstleistungen, ungeachtet wodurch dieser Handel verursacht wurde. Unfälle, Krankheiten, Naturkatastrophen schlagen sich positiv im BIP nieder, da sie die wirtschaftliche Aktivität ankurbeln. So sorgte etwa das Unwetter vom Dezember 1999 in Frankreich für einen Wachstumsaufschwung von 1,2 Prozent. Auch manche Umweltverschmutzungen wirken sich ähnlich aus. Im BIP, könnte man sagen, werden die Toten genauso wie die Lebenden mitgezählt.

Auch die Verarmung infolge der Erschöpfung natürlicher Ressourcen fließt in keiner Weise in das BIP ein. Um das reale »Vermögen« zu bemessen, müßte diese Verarmung aber subtrahiert werden. Dann würde sich in den meisten Fällen erweisen, daß das Wachstum bereits heute bei Null oder im Negativbereich liegt. Denn sämtliche Rohstoffe und natürlichen Energien, die wir heute verbrauchen, sind für zukünftige Generationen verloren. Für die klassischen Ökonomen macht jedoch allein die Zunahme produzierter Waren und Dienstleistungen die Wachstumsrate aus – als zähle dazu nicht auch der Verbrauch von Rohstoffen und Energie. Der vom BIP beschriebene Reichtum ist somit kein Nettowert, denn von ihm müssen noch die Kosten des Raubbaus an den natürlichen Ressourcen abgezogen werden. Hinzu kommen externe Kosten, die zwar durch die Aktivität wirtschaftlicher Akteure verursacht, aber nicht von ihnen getragen werden (Verschmutzung von Flüssen und Boden, CO_2-Emissionen usw.). Besonders augenfällig wird diese Differenz zwischen BIP und realem »Vermögen« im Transportwesen: Würde man hier sämtliche – direkte wie indirekte – externen Kosten internalisieren, würden sich viele Lieferfahrten schnell als schlicht unrentabel erweisen. »Das Problem der nachhaltigen Entwicklung«, schreibt Alain Caille, »hat seinen Ursprung darin, daß eine ganze Reihe von Waren sich nur deshalb überhaupt rentabel produzieren lassen, weil der private Hersteller Raubbau an nicht erneuerbaren natürlichen Ressourcen betreibt oder Umweltschäden und -verschmutzungen verursacht, ohne daß ihm dafür Kosten entstünden.«[38]

Selbstverständlich sind die Wachstumsraten nicht überall gleich hoch: Im Zeitraum zwischen 1990 und 2001 verzeichneten 54 Prozent der Staaten ein negatives Wachstum. Bestehende Ungleichheiten verschlimmern sich eher weiter. Die entwickelten Staaten verbrauchen ungefähr 80 Prozent der natürlichen Ressourcen und 55 Prozent der Endenergie, obwohl sie nur 20 Prozent der Weltbevölkerung ausmachen. Der Durchschnittsamerikaner verbraucht umgerechnet pro Jahr neun Tonnen Erdöl, ein Bewohner Malis nur 21 Kilogramm. Diese Kluft wird sich noch verbreitern, denn der Anteil der entwickelten Länder an der Weltbevölkerung ist im Schrumpfen begriffen, während ihr Energiebedarf weiterhin steigt. Zahlen der UNO aus dem Jahr 2003 zufolge besitzen die reichsten fünf Prozent der Erdbewohner 114 Mal soviel wie die ärmsten fünf Prozent. Schlimmer noch, die 225 größten Vermögen der Welt entsprechen dem Gesamtbesitz der ärmsten 47 Prozent, immerhin 2,5 Milliarden Menschen.[39]

Wachstum erzeugt also bestenfalls einen sehr ungleich verteilten Reichtum. Statt diese Ungleichheiten einzuebnen, verstärkt es sie noch. Ebenso vorschnell wäre es, Wachstum mit einer hohen Lebensqualität und Beschäftigungsquote gleichzusetzen. Die »Trickledown-Theorie«, die – lange bevor sie im Zuge der Reagonomics unter diesem Namen bekannt wurde – die Grundlage des fordistischen Kompromisses bildete (Beendigung des Klassenkampfs im Gegenzug für einen stetig steigenden Lebensstandard), ist eindeutig an ihre Grenzen gestoßen. In den heutigen Gesellschaften verteilt sich der Reichtum an der Spitze nicht entlang der Gesellschaftspyramide nach unten, sondern die Reichen werden immer reicher und die Armen immer ärmer. Je stärker sich die Tendenz zur Senkung der Gewinnsteuern durchsetzt, desto breiter wird die Kluft zwischen reichen und armen Ländern, die im Wuchersystem der Verschuldung gefangen sind, ebenso wie zwischen den sozialen Schichten innerhalb der einzelnen Staaten. In den entwickelten Ländern ist die Arbeitslosigkeit von einem konjunkturellen zu einem strukturellen Problem geworden. In den Industriestaaten betrifft sie mittlerweile 37 Millionen Menschen. Im Unterschied zu früher kommen die meisten Haushalte heute nicht mehr mit einem Einkommen aus (was bedeutet, daß das Drängen der Frauen auf den Arbeitsmarkt zu niedrigeren Löhnen und Gehältern geführt hat). Die Mittelschicht ist von Verarmung und dem Absturz ins Prekariat bedroht, während die noch Ärmeren inzwischen als nutzlos betrachtet und radikal *ausgeschlossen* werden – statt nur *ausgebeutet*, wie es früher der Fall war.

Die Verfechter der Wachstumsrücknahme beziehen sich auf die Warnungen Jacques Elluls und Ivan Illichs und auf deren radikale Kritik der Konsumgesellschaft. Sie hinterfragen weniger die Modalitäten der Entwicklung als vielmehr die Entwicklung selber. »Nicht um die sekundären Auswirkungen einer Sache zu verhindern, die an sich gut wäre, müssen wir unserer Lebensweise abschwören, als ob wir zwischen dem Genuß einer köstlichen Speise und den damit verbundenen Risiken abzuwägen hätten«, mahnt Illich. »Nein, die Speise als solche ist schlecht, und wir wären sehr viel glücklicher, wenn wir ihr entsagten. Wir müssen anders leben, um besser zu leben.«

Gewiß gibt es Versuche, feine Unterscheidungen zwischen »Wachstum« und »Entwicklung« vorzunehmen. So will das Entwicklungsprogramm der Vereinten Nationen »Entwicklung« im Gegensatz zum rein quantitativen Wachstumsbegriff auch an verschiedenen Kriterien messen, die mit Kultur oder Lebensqualität zu tun haben (soziale, kulturelle, lokale Entwicklung usw.). Tatsächlich bleibt diese Unterscheidung jedoch eine rein semantische. Die Mehrheit der Wirtschaftswissenschaftler verwendet »Wachstum« und »Entwicklung« als austauschbare Synonyme, und im Englischen wird nachhaltige Entwicklung häufig als »*sustainable growth*« bezeichnet. Das zeigt, daß immer Wirtschaftswachstum gemeint ist, wenn von Entwicklung die Rede ist.

»Wirtschaftliche Entwicklung«, so Ivan Illich, »bedeutet seit jeher, daß die Menschen, anstatt etwas anzufertigen, nun die Kaufkraft haben, um es zu erwerben.« Gilbert Rist wiederum definiert es als »eine Gesamtheit von einander dem Anschein nach bisweilen widersprüchlichen Praktiken, die, um die gesellschaftliche Reproduktion zu gewährleisten, zur allgemeinen Transformation und Zerstörung der Umwelt und der gesellschaftlichen Bande zwingen zugunsten einer wachsenden Produktion von Waren (Gütern und Dienstleistungen), die über den Handel zur Befriedigung der Nachfrage bestimmt sind«. Als Nebenprodukt der Fortschrittsideologie und Begleiterscheinung der globalen Wirtschaftsexpansion ist sie de facto ein »Unterfangen, das darauf abzielt, die Beziehungen der Menschen untereinander und mit der Natur in Waren umzuwandeln«.[40] Insofern impliziert sie einen regelrechten Eingriff in die menschliche Natur. Die sogenannte »nachhaltige Entwicklung« stellt, wie wir gesehen haben, keine der Grundvoraussetzungen dieses Unterfangens ernsthaft in Frage. Es geht immer darum, aus natürlichen und menschlichen Ressourcen einen Gewinn zu erzielen und die Schuld des Menschen gegenüber der Natur auf technische Parameter zu reduzieren, mit deren Hilfe sich die Umwelt in eine QuasiWare verwandeln läßt. Auf Dauer ist

Umweltschutz aber nicht mit dem besessenen Bemühen um immer weiter steigende Erträge und immer höhere Profite in Einklang zu bringen. Diese beiden Ziele widersprechen einander.

Tatsächlich versucht die Lehre der nachhaltigen Entwicklung eine Wissenschaft in den Dienst der Logik des Kapitals zu stellen – nämlich die Ökologie –, die von ihrem Wesen her einen Angriff auf deren Fundamente darstellt.[41] Serge Latouche spricht deswegen unverblümt von einem »Oxymoron«.[42] Für die Verfechter der Wachstumsrücknahme, denen zufolge die Menschheit sich gerade vom Ideal eines grenzenlosen Wachstums verabschieden muß, ist der Begriff der nachhaltigen Entwicklung oder des nachhaltigen Wachstums somit ein kompletter Widerspruch in sich. »Um den Planeten zu retten und eine annehmbare Zukunft für unsere Kinder zu gewährleisten«, schlußfolgert Latouche, »reicht es nicht aus, derzeitige Tendenzen zu mäßigen, sondern man muß vollkommen aus der Entwicklung und dem Ökonomismus aussteigen.«[43]

Um zu begreifen, wie notwendig die Wachstumsrücknahme ist, sind zwei Begriffe von herausragender Bedeutung. Zum einen ist dies der ökologische Fußabdruck, zum anderen der Rebound-Effekt.

Der ökologische Fußabdruck (*ecological footprint*) gibt in Hektar pro Jahr den Flächenverbrauch an Boden und Wasser an, der nötig ist, um das Überleben eines Individuums oder Gemeinwesens zu gewährleisten und den Kohlenstoffgasausstoß zu absorbieren, den es verursacht. Diesen Begriff haben William E. Rees und Mathis Wackenagel in den 1990ern geprägt.[44] Eigentlich dürfte der ökologische Fußabdruck pro Person sechs sogenannte »bioproduktive« Flächeneinheiten überschreiten. Jedoch ist der ökologische Fußabdruck der Menschheit insgesamt von 1970 bis 1997 um 50 Prozent größer geworden, was einem jährlichen Anstieg von 1,9 Prozent entspricht. Seit 1996 überziehen wir die Kapazität unseres Planeten um 30 Prozent. In allen OECD-Staaten zusammen lag der Mittelwert 1996 bei 7,22 Flächeneinheiten pro Person, während der durchschnittliche US-Bürger 12,22 Flächeneinheiten pro Jahr verbrauchte. Damit war der Fußabdruck der USA 5,6 Mal größer als die verfügbare bioproduktive Fläche. Würden sämtliche Erdbewohner einen dem amerikanischen vergleichbaren Lebensstandard erreichen und ihren Konsum auf US-Niveau steigern, würde das nicht nur die physischen Dimensionen der Erde sprengen, wie François Schneider nachgewiesen hat, sondern zur Deckung unseres Rohstoffbedarfs wären zwischen drei und sieben zusätzliche Planeten notwendig.[45]

Noch weniger bekannt ist in Frankreich der Begriff des Rebound-Effekt, den Zeitschriften wie *Energy Politics* oder *Ecological Economics* nicht so sehr popularisiert als vielmehr vulgarisiert haben. Aufgekommen ist er im Zuge der ersten Ölkrise der 1970er Jahre. Damals begannen Wissenschaftler die durch die Entwicklung energiesparender Technologien erzielten Ergebnisse zu relativieren, indem sie sie gegen den Konsumzuwachs aufrechneten, den ebendiese Technologien förderten. Aufgrund solcher Berechnungen definierten sie den Rebound-Effekt als »die Steigerung im Konsum eines Produkts oder einer Dienstleistung, die durch eine Senkung seines Selbstkostenpreises bedingt ist«. Seither ist der Begriff in einem allgemeineren Sinn verwendet worden.[46]

Mit Hilfe des Rebound-Effekts läßt sich erklären, warum der positive Effekt, der durch die Einsparung von Energie oder Rohstoffen bei der Herstellung eines Produkts erzielt wird, jedesmal sofort durch den daraus resultierenden Konsumanreiz und die Erhöhung des Produktionsvolumens zunichte gemacht wird. Wer ein Auto mit geringem Treibstoffverbrauch besitzt, gerät beispielsweise schnell in Versuchung, damit längere Strecken zu fahren, weil er mit einmal Volltanken weiter kommt als sein Nachbar, dessen Auto einen höheren Verbrauch hat. Die Verkleinerung elektronischer Geräte führt ebenfalls zu einer Verbrauchssteigerung, schnellere Verkehrsmittel dazu, daß die Menschen immer längere Reisen unternehmen usw. Die Verringerung des Energieverbrauchs pro Einheit löst somit eine Erhöhung des Gesamtverbrauchs aus, zumal damit auch eine Produktionssteigerung einhergeht. Man reduziert einerseits die zur Herstellung eines Produkts benötigte Rohstoffmenge, erhöht dadurch aber andererseits die Menge der hergestellten Produkte, so daß die Umweltkosten insgesamt steigen. So konnte zwar zwischen 1970 und 1988 in den OECD-Staaten der Energieverbrauch pro Einheit um 25 Prozent gesenkt werden, der Gesamtverbrauch an Energie stieg jedoch im selben Zeitraum um 30 Prozent!

Ein anderes klassisches Beispiel ist die Verbreitung der Informationstechnologie, die eigentlich den Papierverbrauch rasant hätte verringern müssen. Tatsächlich ist das genaue Gegenteil eingetreten, da sich sämtliche Internetnutzer Drucker angeschafft haben, um ihre Online-Dokumente in Papierform verfügbar zu machen. Auch die positiven Effekte, die aus der Verabschiedung gewisser vom Umweltgedanken bestimmter Maßnahmen resultieren (Förderung von Windkraft, Anreize zum Energiesparen, strengere Normen beim Bau von Kraftfahrzeugen usw.), werden durch den Zuwachs des Gesamtvolumens zunichte gemacht. Mag man auch »grüne Kraftstoffe« erfinden oder die Autos mit Strom fahren lassen – jeglicher Nutzen, der der Umwelt daraus entsteht, geht allein dadurch verloren, daß weltweit immer mehr Autos auf den Straßen unterwegs sind. Hier taucht wieder der Begriff der »Kontraproduktivität« auf, mit dem sich schon Ivan Illich auseinandergesetzt hat. Wichtig ist jedoch die Erkenntnis, daß dieser perverse Effekt aus ökonomischer Sicht durchaus gewollt ist. Denn er steigert die Nachfrage, was wiederum zur Folge hat, daß sich die Verkaufszahlen und damit die Gewinne erhöhen.

Gegen die Lehre der Wachstumsrücknahme werden zahlreiche Einwände geltend gemacht. Diejenigen, die sich einbilden, in einer endlichen Welt sei unendliches Wachstum machbar, geben gerne zu bedenken, daß nicht jede wirtschaftliche Aktivität mit Energieverbrauch verbunden sei. Ein beachtlicher Teil des Wirtschaftslebens sei bereits »immateriell« geworden, beruhe nämlich auf Dienstleistungen, der Aufbereitung von Informationen, Kommunikation, elektronischer Datenverarbeitung usw.[47] Tatsächlich läßt sich nicht leugnen, daß die »immaterielle« Wirtschaft eine gewisse Entmaterialisierung des Kapitals bewirkt hat und daß sie die Entwicklung »effizienter« Prozesse fördert, die sich durch einen gedrosselten Rohstoffverbrauch und somit durch einen Rückgang der Verschmutzung auszeichnen. Allerdings wäre die Frage berechtigt, ob die neuen Technologien nicht die traditionellen eher ergänzen, anstatt sie zu ersetzen. »Bedeuten mehr Gesellschaften aus Informatikern oder Finanzberatern unbedingt einen Rückgang der Produktion von Autos oder Elektrizität?« fragt Mauro Bonaiuti.[48] »Gewiß ist die ›neue Ökonomie‹ vergleichsweise immateriell oder weniger materiell«, so Serge Latouche, »aber sie ersetzt die alte weniger, als daß sie sie ablöst. Letztlich deuten sämtliche Indikatoren darauf hin, daß die Umweltbelastungen weiterhin zunehmen.«[49]

Die Argumente, die gegen die Wachstumsrücknahme vorgebracht werden, kommen keineswegs nur aus wirtschaftsliberalen Kreisen. Die Lehre der Wachstumsrücknahme zeichnet sich dadurch aus – und gerade das macht sie so interessant –, daß sie bei ihrer Kapitalismuskritik nicht stehenbleibt. Sondern sie schließt darin jede Doktrin ein, die – unter welchen Maßgaben auch immer – auf die »Entwicklung der Produktionskräfte« setzt. So erinnert Stéphane Bonnevault daran, daß der produktivistische Sozialismus und der Liberalkapitalismus »historisch die beiden ideologischen Varianten ein und desselben Projekts sind, nämlich der Entwicklung der Produktivkräfte, die die Menschheit auf dem Weg in den Fortschritt voranbringen sollte [...] Marxisten und Liberale glaubten gemeinsam an die Vision von der Entwicklung der Produktionskräfte als *dem* Prozeß, durch den die Menschheit ihre Bestimmung erfüllen werde.«[50] Die Schule der Wachstumsrücknahme bricht deshalb mit einer archaischen, produktivistischen Linken, die nicht begreift, was die Stunde geschlagen hat. Entsprechend stößt sie auch in ebendiesen Kreisen auf Mißfallen.[51]

So setzt sich die Linksaußen-Zeitschrift *La Riposte* in ihrer Ausgabe vom 1. Dezember 2003 mit dem Gedanken der Wachstumsrücknahme auseinander. Jérôme Métellus setzt den alten Traum von einer »demokratischen und rationalen Planung zur Nutzung der produktiven und natürlichen Ressourcen« dagegen. Die Lehre der Wachstumsrücknahme, die er als »reaktionäre Utopie«, als Rückkehr zur »guten alten vorkapitalistischen Wirtschaftsweise« abtut, wird mit den Thesen Proudhons gleichgesetzt, der seinerseits »die Interessen und die materielle Lage kleiner Handwerker, Händler und Bauern« habe verfechten wollen.[52] Weiterhin werden den Anhängern der Wachstumsrücknahme bezeichnenderweise Sympathien für auf lokaler Ebene organisierte Wirtschafts- und Gemeinschaftsformen vorgeworfen: »Die Globalisierung der Wirtschaft ist keineswegs ein Problem, sondern bildet eine Grundvoraussetzung für den Sozialismus, der auf der Basis lokaler Kleinwirtschaften vollkommen unvorstellbar ist!«

Auf solche und ähnliche Argumente stößt man bei allen Verfechtern des Produktivismus oder des klassischen Keynesianismus (dem zufolge Wohlstand für alle möglich wird, indem man die Produktion erhöht, damit die Gehälter und damit der Konsum steigen). Man findet sie aber sogar in der an sich sympathischen Antiglobalisierungsbewegung, der es lediglich an einem realistischen Verständnis der menschlichen Natur sowie an der Erkenntnis mangelt, daß Politik sich nicht auf moralische oder »humanitäre« Beteuerungen beläuft.[53] Innerhalb der Umweltbewegung sollte die Idee der Wachstumsrücknahme eigentlich mit Beifall aufgenommen werden, was aber durchaus nicht immer der Fall ist. Die Grünen sind historisch stets auf sozialistische oder sozialdemokratische Verbündete angewiesen gewesen, die seit jeher dem Kult des Wachstums und Produktivismus verfallen und heutzutage noch dazu zunehmend von den Wohltaten der Marktwirtschaft überzeugt sind. Deswegen wird der Rückbau des Sozialstaats bestenfalls verlangsamt, wo die Linke die Macht zurückgewinnt.

Kritiker der Wachstumsrücknahme führen zudem die Lage der »Dritte Welt«-Länder ins Feld, die angeblich ohne Wachstum nicht aus ihrem »unterentwickelten« Zustand hinauskämen. In armen Ländern, in denen die Bevölkerung oft nicht genug zu essen hat, stellt sich eine Senkung des Lebensstandards als fragwürdiges, moralisch inakzeptables Ziel dar. Wie kann man der Wachstumsrücknahme das Wort reden, wenn so viele Menschen noch in solchem Elend leben? Die Wachtumsverweigerung erscheint als ein Ideal der Reichen, solange die Armen keine höheren Ansprüche stellen, als nicht länger arm zu sein. Entsprechend werden die Befürworter der Wachstumsrücknahme bezichtigt, keine Rücksicht auf die legitimen Ansprüche der Dritten Welt zu nehmen.

Diese Kritik ist insofern interessant, als sie in bestimmten antiglobalistischen oder extrem linken Kreisen ebenso zu vernehmen ist wie in den liberalsten. Erstere stören sich zudem daran, daß die Anhänger der Wachstumsrücknahme mit traditionellen Gesellschaften sympathisieren, sich für die Völker einsetzen und bereit sind, »die Länder des Südens wieder an ihre Traditionen anknüpfen zu lassen«. Mit Unterstützung der multinationalen Konzerne stellen sich die großen internationalen Organisationen als erste auf den Standpunkt, das westliche Modell lasse sich weltweit exportieren. Alle diese Argumente beruhen im Kern auf dem Gedanken, wirtschaftliche Entwicklung sei der einzige Weg, auf dem die Länder der Dritten Welt »den Anschluß finden« können.

Selbstverständlich wird die Idee der Wachstumsrücknahme zuerst in den westlichen Ländern umzusetzen sein. Davon abgesehen läßt sich dieses Argument leicht damit entkräften, daß die Entwicklung der Dritten Welt niemals den Anschluß an den Westen ermöglichen wird. Im Gegenteil beginnen die »armen Länder« gerade dann Schulden anzuhäufen, wenn sie sich zu »entwickeln« versuchen, und verschlechtern ihre Gesamtsituation dadurch sogar noch. Die Armut der Dritten Welt resultiert mit anderen Worten nicht aus einer unzureichenden Entwicklung, sondern vielmehr aus ihrer Eingliederung in das Entwicklungsmodell. Sie ist zu großen Teilen eine direkte Folge der heutigen Weltordnung, der ausbeuterischen Kapazitäten des kapitalistischen Systems und der internationalen Arbeitsteilung.

Weithin wird davon ausgegangen, vor der Epoche der Industrialisierung und »Entwicklung« hätten die Bevölkerungen der Dritten Welt in noch armseligeren Zuständen gelebt als heute. In Wirklichkeit trifft genau das Gegenteil zu. Die ersten, die entlegene Teile der Erde erforschten (Mungo Park, Poncet und Brévedent), berichten übereinstimmend von dem relativen materiellen Wohlstand und dem guten körperlichen Gesundheitszustand, die in den allermeisten traditionellen Gesellschaften vorherrschten. Elend und Armut kommen in ihren Schilderungen kaum vor. Ähnlich wie das europäische Bauerntum bauten und fertigten diese Bevölkerungen die wesentlichen Dinge, die sie zum Leben brauchten, selber an. Der Begriff der »Armut« in jenem ökonomischen Sinn, den ihm die Moderne mit ihrer Marktwirtschaft verliehen hat, war dort völlig unbekannt. In den meisten afrikanischen Sprachen gibt es überhaupt kein Wort für »arm« – am ehesten läßt es sich noch als »verwaist« übersetzen. Die Menschen der traditionellen Gesellschaften hatten zwar nicht viele Besitztümer, betrachteten sich aber keineswegs als »arm«, zumal sie in ein Netz aus sozialen Beziehungen, organischen Gemeinschaften und in Clan-Form strukturierten Großfamilien eingebunden waren. Da die Wirtschaft in die sozialen Beziehungen »eingebaut« war (Karl Polanyi), betrachtete man alles, was heute als ökonomische Funktion gilt, als soziale Funktionen, denen kein Geldwert beigemessen werden konnte. Das Entwicklungsprogramm der Vereinten Nationen definiert menschliche Armut heute als eine Reihe von Mängeln. Doch in ihrer Grundbedeutung ist Armut keine Mangelerscheinung, geschweige denn Ausdruck des Verhältnisses zwischen einer bestimmten Summe von Bedürfnissen und den Mitteln, diese zu befriedigen, sondern sie ist ein zwischenmenschliches Verhältnis. »Die Armut ist ein gesellschaftlicher Zustand und insofern eine Erfindung der Zivilisation«, so Marshall Sahlins.[54] Armut im modernen Wortsinn beschreibt dagegen eine wirtschaftliche Situation (Geldmangel, gekennzeichnet durch ein unzureichendes Einkommen), die eine gesellschaftliche Abwertung nach sich zieht. Somit kann sie nur als Anomie (Durkheim) und Ausschließung verstanden werden. Ausgerechnet die reichen, die sogenannten Überflußgesellschaften, messen dem Begriff des Mangels die höchste Bedeutung zu.

Wie Edward Goldsmith überzeugend aufgezeigt hat, schafft Entwicklung keinen Reichtum, sondern Armut. Für die Dritte Welt bedeutet sie den Eintritt in das System der internationalen Arbeitsteilung (dank Ricardos Lehre des »Wettbewerbsvorteils«). Daraus folgen als Konsequenzen die Verarmung der Binnenmärkte, da Güter nun vorrangig exportiert werden, wirtschaftliche Instabilität und Abhängigkeit von globalen Preisschwankungen, das Verschwinden von bäuerlichen und die Schwächung von Lebensmittelkulturen (die Hauptursache für Hungersnöte), dauerhafte Verschuldung, wüste Verstädterung usw. Das

Gesamteinkommen der ärmsten 20 Prozent der Erdbevölkerung ist zwischen 1960 und 1977 um mehr als die Hälfte gefallen. In Indonesien hat die Armut seit 1997 um 50 Prozent zugenommen. In Rußland ist sie zwischen 1966 und 1998 von 2,9 auf 32,7 Prozent gestiegen. Indem man die Länder der Dritten Welt ermuntert, »ihre Verspätung aufzuholen«, sich also zu verschulden, um sich zu »entwickeln«, und sich zu entwickeln, um ihren Verbrauch steigern zu können, erreicht man einzig und allein, daß diese Länder abhängiger, fragiler und ärmer werden.

4

»Das gesamte Problem«, erläutern Bruno Clémentin und Vincent Cheynet in der Zeitschrift *Silence*, »liegt darin, von einem auf ständiger Expansion basierenden Wirtschafts- und Gesellschaftsmodell zu einer ›nüchternen‹ Zivilisation überzugehen, deren Wirtschaftsmodell die Endlichkeit des Planeten verinnerlicht hat.« Gewiß – aber wie? Denn es ist eine Sache, sich zu wünschen, daß es keine Werbung mehr gibt, daß die großen Supermärkte das Feld räumen und überall TanteEmma-Läden aufmachen, daß die regionale Produktion anstelle des Imports gefördert wird, daß die intensive Landwirtschaft ebenso abgeschafft wird wie Wegwerf-Verpackungen, daß der öffentliche Nahverkehr ausgeweitet und der Gedanke der Arbeitsteilung neu definiert wird – wie sich dies alles durchsetzen läßt, ist eine völlig andere Frage.

Viele »Wachstumsverweigerer« befürworten autonome Mikro-Gesellschaften, die möglichst selbstgenügsam wirtschaften.[55] Die Re-Lokalisierung der Produktion ist eine weitere zentrale Forderung der Bio-Ökonomie. Dem prominenten französischen Umweltethiker Pierre Rahbi zufolge muß man sich »darauf zurückbesinnen, möglichst nahe an den Konsumstandorten zu produzieren«. Unter Re-Lokalisierung ist zu verstehen, daß solche Produkte, die zur Befriedigung der Grundbedürfnisse einer Bevölkerung notwendig sind, im wesentlichen lokal produziert werden, und zwar von örtlichen Betrieben, die mit Hilfe einer örtlichen Sparkasse finanziert werden. Gleichzeitig müßte das Anliegen verfolgt werden, den Verbrauchern die Kontrolle über ihren Verbrauch zurückzugeben. Gegenwärtig sehen die Verbraucher ausschließlich ihre Bedürfnisse, zu deren Erfüllung sie das verdiente Gehalt ausgeben. Ihnen die Kontrolle über ihren Verbrauch zu geben, würde bedeuten, daß sie ihr Einkommen (und nicht mehr ihr Gehalt) direkt aus der Menge aller verfügbaren Produkte und Dienstleistungen beziehen könnten. Das ist das Grundprinzip des Distributismus.

Solche Vorschläge sind bedenkenswert. Man muß allerdings zugeben, daß sie allzuoft in einer reichlich vagen Art und Weise vorgetragen werden. So schreibt Serge Latouche, eine Politik der Wachstumsrücknahme »könnte darin bestehen, zunächst jene Umweltbelastungen zu reduzieren, ja sogar zu beseitigen, die keinerlei Zufriedenheit verschaffen«.[56] Das Problem ist, daß »Zufriedenheit« ein äußerst subjektiver Begriff ist. Viele Menschen finden offensichtlich Dinge ungemein »befriedigend«, denen andere absolut nichts abgewinnen können! Weiter fordert Latouche, den »beträchtlichen Umfang der Verschiebungen von Menschen und Produkten rund um den Planeten« zu hinterfragen und die Politik des programmierten Überschusses von Produkten aufzugeben, deren einziger Zweck darin liege, »daß sich die höllische Megamaschine immer schneller dreht«.[57] Recht hat er. Weil aber das kapitalistische System selbstverständlich niemals derartige Maßnahmen hinnehmen wird, die aus seiner Sicht eine Minderung seiner Profite bedeuten, kommt man nicht um die Frage herum, welche Art von Autorität sie umsetzen oder erzwingen könnte. Die Einführung eines Wirtschaftssystems, das keine ständige Steigerung des Verbrauchs anstreben würde, scheint gegenwärtig unvorstellbar. Wer könnte diese Aufgabe übernehmen? Und wie ließe sich ein solches System auf globaler oder wenigstens auf kontinentaler Ebene einführen, was eine Vorbedingung für sein Funktionieren wäre?

Serge Latouche beteuert zudem, Wachstumsrücknahme bedeute »nicht zwangsläufig eine Rezession«, ja nicht einmal »Negativwachstum«.[58] Sind das nicht Wortspielereien? Unter derzeitigen Bedingungen würde ein Rückgang des Verbrauchs, erst recht wenn er einherginge mit einer Reduzierung der Wanderbewegungen von Menschen und Waren, eine erhebliche Schwächung des Welthandels bedeuten. Die Arbeitslosigkeit stiege, und die heute existierenden sozialstaatlichen Programme ließen sich unmöglich aufrechterhalten. Eine Rezession erzeugt Arbeitslosigkeit und Verarmung. Es wäre also sehr gut möglich, daß eine ständige Wachstumsrücknahme um soundsoviel Prozent im Jahr unter heutigen Gegebenheiten ein regelrechtes soziales Chaos verursachen würde. Die Wachstumsrücknahme, so ihre Befürworter, würde Hand in Hand gehen mit einer Veränderung unseres Lebensstil. Schön und gut, aber wie läßt sich das erreichen? Diese Frage stellt sich sowohl aus anthropologischer wie aus politischer Sicht. Zwar stimmt es, daß der Mensch nicht unbedingt nach »immer mehr« strebt – und daß er vollkommen in der Lage ist, zwischen mehr und besser zu unterscheiden. Daraus folgt jedoch noch nicht, daß er bereit ist, ein Weniger zu akzeptieren, das ihm unweigerlich als Verlust des bereits Erreichten erscheinen würde. So leicht es fällt, auf das zu verzichten, von dessen Existenz man nichts weiß – der Verzicht auf das, was man hat oder gehabt hat, fällt um einiges schwerer. Unsere Vorfahren beklagten sich nicht über einen Lebensstil, der einer Mehrzahl unserer Zeitgenossen kaum erträglich schiene. Der Kapitalismus hat weder das Verlangen nach Besitz erfunden noch die Neigung der Menschen, möglichst viel Genuß (wieder ein subjektiver Begriff) für möglichst wenig Anstrengung anzustreben und ihre Zeit und ihr Geld für nutzlose und »unvernünftige« Dinge zu verschwenden. Er hat diese Verhaltensweisen lediglich ausgenutzt, unterstützt und vor allem legitimiert, indem er sie als normal und zugleich wünschenswert darstellt. Während die Moralvorstellungen traditioneller Gesellschaften das Streben nach »Überflüssigem« in der Regel eher verdammen, wird es heute allseits begrüßt und gefördert: Tendenziell wird das Überflüssige zum Notwendigen, ja zum Unverzichtbaren. Wie Latouche richtig anmerkt, sind Drogensüchtige die eifrigsten Fürsprecher ihrer Droge. Das Problem ist, wenn es um Konsum geht, sind die Süchtigen beträchtlich in der Überzahl. Diejenigen, die ihn sich leisten können, sind nicht gewillt, auf ihn zu verzichten, während diejenigen, für die er außer Reichweite ist, zumeist davon träumen, es eines Tages doch soweit zu bringen. »Sogar die Reichen in den reichen Ländern streben danach, immer mehr zu konsumieren«, müssen Bruno Clémentin und Vincent Cheynet erkennen. Und dieses Streben ist nicht *ausschließlich* auf die vorherrschende Ideologie und den Einfluß der Werbung zurückzuführen.

Clémentin und Cheynet täten sich schwer damit, die Allgemeinheit für ein Programm zu erwärmen, das sie folgendermaßen formulieren: »Der Kühlschrank würde durch eine Kältekammer ersetzt, der Urlaub auf den Antillen durch eine Radtour durch die Cevennen, der Staubsauger durch Besen und Scheuertuch, die fleischliche Ernährung durch eine quasi-vegetarische Kost usw.« Auch eine Parole wie »Morgen werdet ihr weniger haben und mehr teilen« erscheint kaum geeignet, bei den Massen Begeisterung auszulösen. Der Appell an die »Sparwirtschaft«, an »Genügsamkeit« oder »freiwillige Einschränkung« ist sehr begrüßenswert, doch vermag er heutzutage lediglich einzelne in ihrer Lebensführung zu beeinflussen. Auf gesamtgesellschaftlicher Ebene wird er höchstwahrscheinlich ein frommer Wunsch bleiben. Wie soll man eine Bevölkerung, die nur nach Konsum strebt, zu einer Rückkehr zu »genügsamen« Tugenden bewegen – und das auch noch in der Einsicht, daß dieses Modell nur funktionieren kann, wenn alle mitmachen?

Eingestandenermaßen präsentieren die Verfechter der Wachstumsrücknahme sie nicht als erstrebenswertes Ideal, sondern als unausweichliche Zukunftsaussicht. Einwänden begegnen sie gerne mit prophetischen, apokalyptischen Posen: »In jedem Fall haben wir keine Wahl. Entweder Wachstumsrücknahme oder Tod!« Das mag die Wahrheit sein, ein politisches Programm ist es nicht.

Latouche setzt auf Katastrophenpädagogik: »Katastrophen sind unsere einzige Quelle der Hoffnung, denn ich habe vollkommenes Vertrauen in das Vermögen der Wachstumsgesellschaft, Katastrophen auszulösen.«[59] Damit hat er aller Wahrscheinlichkeit nach recht. Die wild gewordene »Megamaschine« kann uns nur in die Katastrophe führen, und diese Katastrophe ergibt sich aus der Logik des Kapitalismus selbst: Das auf Gier beruhende System wird an der Gier untergehen. Jedoch ist die Ankündigung von »Katastrophen« in vieler

Hinsicht eine rein rhetorische Geste, denn niemand weiß, ob eine solche Katastrophe in etwas anderes münden wird als eben in katastrophale Folgen. Wie die Geschichte zeigt, haben Katastrophen selten pädagogische Wirkungen. In den allermeisten Fällen rufen sie vielmehr Gesellschaftskrisen hervor, führen zu Diktaturen und mörderischen Konflikten.

Mauro Bonaiuti sieht die Lage zweifellos realistischer, wenn er schreibt: »Das Projekt einer nachhaltigen Wirtschaft erfordert ein gründliches Überdenken der Präferenzen und der Art und Weise, wie wirtschaftliche Wertschöpfung zu verstehen ist. Sie muß Einkommen produzieren und dabei den Material- und Energieverbrauch drosseln. Eine Umweltpolitik, die einzig und allein auf einem starken Konsumrückgang gründete, müßte nicht nur aller Wahrscheinlichkeit nach letztendlich scheitern, sondern *angesichts gegenwärtiger Präferenzen und Prioritäten* würde sie einen starken Rückgang der Nachfrage insgesamt und damit einen beträchtlichen Anstieg der Arbeitslosigkeit und sozialen Schieflage bewirken. [...] Wir müssen also dafür sorgen, daß andere Prioritäten gesetzt werden, damit ein gewollter Rückgang der Produktionsmengen nicht zwangsläufig einen Rückgang der Wertschöpfung bedeutet. Dies erfordert fraglos eine grundlegende Veränderung des ökonomischen und produktiven Vorstellungsvermögens.«[60]

Darin liegt in der Tat der Schlüssel zum Erfolg. Unter den derzeitigen Umständen muß der Imperativ der Wachstumsrücknahme zuallererst ein Aufruf zum Umdenken sein: Umweltschutz beginnt mit geistiger Ökologie. Die Kampfansage muß der Entsymbolisierung des Vorstellungsvermögens gelten, die danach trachtet, alle Hindernisse aus dem Weg zu räumen, die zwischen das »Begehren« und seine »Erfüllung« durch Konsum treten könnten. »Die Durchsetzung der Wachstumsrücknahme erfordert eine Absage an die ökonomische Vorstellungswelt, das heißt an den Glauben, daß *mehr* gleich *besser* ist.«[61] Es geht also weder darum, dem Markt seine relative Nützlichkeit abzusprechen, noch die Anreizfunktion des Profitstrebens zu leugnen, sondern darum, sich geistig von einem System zu verabschieden, innerhalb dessen der Markt und der Profit die alleinigen Grundlagen bilden. Es geht darum, Wachstum nicht länger als Selbstzweck zu betrachten. Es geht darum, das Ökonomische auf den ihm gebührenden Platz zu verweisen – und mit ihm Warenaustausch, Lohnarbeit und Profitlogik. Latouche stellt sehr richtig fest: »Um sich vorzustellen, wie eine zufriedene Wachstumsrücknahme-Gesellschaft aussehen könnte, und dort hinzukommen, muß man buchstäblich die Ökonomie hinter sich lassen. Das bedeutet, ihre Dominanz über den Rest des Lebens zu hinterfragen – in der Theorie wie in der Praxis, zuvorderst aber in unseren Köpfen.« Diese »Entkolonisierung des Vorstellungsvermögens« erfordert sowohl pädagogische Überzeugungsarbeit als auch die Formulierung eines tragfähigen Theoriegebäudes ungeachtet aller »Katastrophen«, die in mehr oder weniger naher Zukunft bevorstehen.

Darüber hinaus erfordert sie jedoch eine Absage an rein moralische Forderungen. Natürlich kann man Latouche nur zustimmen, wenn er schreibt: »Der Altruismus müßte über den Egoismus siegen, die Zusammenarbeit über den ungebremsten Wettbewerb, der Spaß am Müßiggang über die Arbeitssucht, die Bedeutung des sozialen Lebens über den grenzenlosen Konsum, die Freude an einem schönen Kunstwerk über die produktivistische Effizienz, das Vernünftige über das Rationale usw.«[62] Freilich sind dies allzu grundsätzliche Forderungen. Besonders offensichtlich wird dies an einer Formulierung wie »der Altruismus müßte über den Egoismus siegen«. Denn in Wahrheit gibt es wohl in jeder real existierenden Gesellschaft weit mehr Egoisten als Altruisten. Das soll weder heißen, daß der Mensch nicht zum Altruismus fähig noch daß er von Natur aus »schlecht« wäre. Von Natur aus ist er weder »gut« noch »schlecht«. Er ist lediglich zu beidem fähig, und das macht ihn zu einem gefährdeten, unberechenbaren und deshalb seinerseits gefährlichen Wesen. Anstatt daraus ein moralisches Gebot abzuleiten (»der Altruismus müßte über den Egoismus siegen«), das aller Wahrscheinlichkeit nach ungehört verhallt, sollte man lieber überlegen, wie sich Bedingungen herstellen ließen, unter denen ganz konkret dem Altruismus als allgemeiner Lebenseinstellung eine höhere Wertschätzung zukäme als dem Egoismus. Damit würde man den Bereich der Moral verlassen und in den der Politik eintreten – und sich dabei auf ein realistisches Menschenbild stützen. Mit anderen Worten besteht das Problem nicht darin, daß die Menschen sich heutzutage zumeist egoistisch verhalten (aller Wahrscheinlichkeit nach haben sie dies schon immer getan); das Problem besteht darin, daß wir in einer Gesellschaft leben, in der – trotz der wohlfeilen Floskeln über die »Menschenrechte«, trotz der »humanitären« Vulgata – alles darauf ausgerichtet ist, ein derartiges Verhalten zu fördern und zu rechtfertigen. Man wird niemals alle Menschen zu Altruisten machen. Aber man kann sich darum bemühen, eine vorherrschende Ideologie aus der Welt zu schaffen, die egoistische Verhaltensweisen (auf individueller wie auf kollektiver Ebene) unweigerlich als vollkommen natürlich erscheinen läßt, weil sie sich auf eine Anthropologie stützt, die den Menschen als ein vollkommen von seinem als axiomatisch verstandenen Eigeninteresse gesteuertes Wesen sieht.

Schätzungen Edward Goldsmiths zufolge hätten wir eine Chance, der globalen Krise zu entgehen, wenn Produktion und Konsum zehn Jahre lang um jährlich vier Prozent zurückgingen – »mit einem Mindestmaß an politischem Willen«, fügt er hinzu.[63] »Mindestmaß« ist hier natürlich untertrieben. Nun ist nicht mehr die Ökologie, sondern die Politik angesprochen. Damit stellt sich auch die Frage nach dem ihr verbleibenden Handlungsspielraum gegenüber der Allmacht der Finanzmärkte, der multinationalen Konzerne und des Geldes. Zu Recht wird darauf verwiesen, daß allein das Politische die wirtschaftliche Aktivität auf zufriedenstellende Weise in das gesellschaftliche Leben »wiedereingliedern« kann. Selten wird jedoch die Frage nach der Regierungsform gestellt, die der Lösung dieser Aufgabe gewachsen wäre. Manche befürchten plötzlich ein autoritäres Regime, das die Konsum- und unternehmerische Freiheit willkürlich einschränken würde. Sogar das Hirngespinst eines »autoritären Ökofaschismus« wird heraufbeschworen. Derartige Zukunftsvisionen lassen sich unschwer mit dem Hinweis entkräften, daß die Entstehung eines »grünen Faschismus« sehr viel unwahrscheinlicher ist als die Machtergreifung despotischer Regime, die ihre Legitimität durch die Absicht zu begründen suchen, um jeden Preis – und sei es der eines neuen Weltkrieges – den Lebensstandard ihrer Staatsangehörigen zu erhalten. Insofern hat Hubert Védrine nicht unrecht mit der Behauptung: »Die Menschen wären womöglich bereit, jede Art von Macht zu unterstützen, die unsere Lebensweise und unser Konsumniveau, insbesondere in Energiefragen, durch autoritäre Maßnahmen garantieren würde.«[64] Die Worte des ehemaligen US-Präsidenten George Bush sind bezeichnend: »Unser Lebensstandard ist nicht verhandelbar.« Auf denselben Standpunkt stellte sich Bill Clinton mit seiner Weigerung, das Kyoto-Protokoll zu unterzeichnen: »Ich werde nichts unterschreiben, was unserer Wirtschaft schaden könnte.« Wenn die Amerikaner ihren Lebensstandard für nicht verhandelbar halten, heißt das, daß sie alles tun werden, um ihn zu erhalten – zum Teufel mit den Konsequenzen. Somit zeichnet sich am Horizont ein Universum ab, das zunehmend unbewohnbar wird, in dem trotz der Erfindung immer neuer elektronischer Geräte sämtliche denkbaren Märkte langsam, aber sicher gesättigt sind und das Wachstum immer kostspieliger wird – bis irgendwann sogar Kriege vorstellbar werden, um die Gewinnverluste abzumildern.

Doch die Frage, wie sich eine echte Wachstumsrücknahme politisch umsetzen ließe, bleibt offen. Ist es möglich, eine »freiwillige Einschränkung« zu erreichen, ohne die bürgerlichen Freiheiten zu gefährden oder den Rahmen der Demokratie zu verlassen? Und wenn man die Wachstumsrücknahme weder gewaltsam erzwingen noch die Bevölkerungsmehrheit durch Überzeugungsarbeit zur »Genügsamkeit« bekehren kann – was bleibt dann? Die Lehre der Wachstumsrücknahme bietet kaum Antworten auf solche Fragen.

Dennoch ist es höchste Zeit zu handeln. Serge Latouche zitiert dazu einen schönen Text von Kate Soper: »Diejenigen, die für einen weniger materialistischen Konsum plädieren, werden häufig als puritanische Asketen dargestellt, die danach trachten, die Bedürfnisse und Genüsse in eine eher spirituelle Richtung umzuleiten. Doch diese Vorstellung ist in vielerlei Hinsicht falsch. Man könnte sogar sagen, daß der moderne Konsum sich nicht ausreichend für die körperlichen Genüsse interessiert, daß er sich nicht genügend um die Sinneserfahrungen kümmert, daß er zu besessen ist von einer ganzen Reihe von Produkten, welche die sinnlichen und erotischen Bedürfnisse filtern und ihre Erfüllung außer Reichweite rücken. Ein großer Teil der Güter, die als für einen hohen Lebensstandard unverzichtbar gelten, betäuben das sinnliche Erleben eher, als daß sie es begünstigen, sie sind eher geizig als großzügig in bezug auf Geselligkeit, gute nachbarschaftliche Beziehungen, ein streßfreies Leben, in bezug auf Stille, Geruch und Schönheit. [...] Ein ökologischer Konsum würde weder eine Senkung des Lebensstandards noch eine massenhafte Bekehrung zur Außerweltlichkeit bedeuten, sondern vielmehr ein anderes Verständnis dessen, was den Lebensstandard eigentlich ausmacht.«

*

In den Ländern des Westens war das 20. Jahrhundert auch dasjenige, in dessen Verlauf die bäuerliche Kultur sozusagen ausstarb und nur noch als Gegenstand einer Folklore-Industrie überlebte. Die Welt wurde auf ein riesiges künstliches System reduziert – eine heimliche Revolution, deren Tragweite wir noch lange nicht begriffen haben. Heute lebt die Mehrheit der Weltbevölkerung in städtischen Gebieten, während es 1900 nur 14 Prozent waren. Dieses beinahe vollständige Aussterben des Bauerntums hat das Verhältnis des Menschen zu seinem natürlichen Lebensumfeld radikal verändert. Die wechselseitige Abhängigkeit zwischen sämtlichen Komponenten der Biosphäre ist ihm völlig aus dem Blickfeld geraten. Schritt für Schritt ist das Leben zu einer durch und durch künstlichen Angelegenheit geworden. Dadurch entsteht die Illusion, der Mensch könne außerhalb der Natur leben und brauche sich um ihre Erhaltung nicht zu kümmern. Die »Humanisierung«, die namentlich seit Kant stattgefunden hat, wurde gleichzeitig als »Bruch mit der Natur« verstanden (je mehr der Mensch sich eine künstliche Welt schafft, um so mehr vermag er sich vermeintlich zu emanzipieren und ein seinem Wesen gemäßes Selbst auszubilden). Mit dem Streben nach Wachstum um jeden Preis hat man den »prometheischen« Fortschritt der Menschheit mit Produktionssteigerung gleichgesetzt und dabei rücksichtslos die Umwelt zerstört, die für den Menschen keine existentielle Bedeutung mehr zu haben schien.

Der Anstieg der Übergewichtigkeit in den westlichen Ländern hat Symbolcharakter. Die gesamte westliche Gesellschaft hat sich durch ihre Gier nach Konsum und Profit Übergewicht angefressen. Das Ziel des kapitalistischen Systems ist die grenzenlose Anhäufung von Kapital. Dieses wiederum gilt als Wert an sich, der alles andere wertlos macht. Seine Triebkraft ist das wahnwitzige Ideal einer unendlichen Expansion, wie sie in der marktwirtschaftlichen Logik liegt. Ebenjener Hybris setzt die Ökologie die Phronesis entgegen, die Tugend der Besonnenheit, die ein harmonisches Gleichgewicht erstrebt. Seit 1950 hat sich das weltweite Handelsvolumen um den Faktor 18 vervielfacht, und das Wirtschaftswachstum hat sich stärker entwickelt als je zuvor seit Anbeginn der Menschheitsgeschichte. Würde ein solches Wachstum automatisch zum Wohlstand aller führen, lebten wir heute im Paradies – was eindeutig nicht der Fall ist. Vielmehr wird der Planet täglich häßlicher, ärmer, gleichförmiger. Er verwandelt sich in eine riesige Müllhalde, deren Luft im wahrsten Sinne des Wortes verpestet und ungenießbar wird.

Nietzsche schickt sich in der *Götzen-Dämmerung* (1889) an zu erklären, »wie die ›wahre Welt‹ endlich zur Fabel wurde«. Innerhalb ebendieser Fabel leben wir, die sich aber für realer als das Reale ausgibt, ja sogar glaubt, ein »Reich des Realen« einläuten zu können. Daß es soweit kommen konnte, ist kein Zufall. Wie Bernard Guibert sehr richtig feststellt, »wäre die Wirtschaft nicht aus dem Sozialen ›ausgegliedert‹ worden, wenn unser westliches Vorstellungsvermögen sich nicht vom Fetischismus des Kapitals hätte ›kolonisieren‹ lassen und wenn dieser Fetischismus unseren Wörtern nicht die katastrophale performative Wirkungskraft verliehen hätte, der Dritten Welt unsere ›Entwicklung‹ aufzuzwingen«.[65]

In der Antike wollte der Mensch zuvorderst in Harmonie mit der Natur leben. Wir wissen um die Kehrtwende, an der dieses Ideal gescheitert ist. Zunächst beraubte das Christentum, weil es die Welt als gottgemachtes Objekt betrachtete, sie ihrer immanenten Dimension des Heiligen. Die Welt wurde so zur bloßen Kulisse, einem vorübergehenden Lebensraum, einem Tal der Tränen, dem kein eigener Wert mehr zugemessen werden konnte (»verflucht sei der Acker um deinetwillen«, 1. Mose 3:17). Der Mensch lebt dieser Lehre zufolge nicht mehr in einem Verhältnis wechselseitiger Zugehörigkeit mit dem Wesen der Welt. Der Kosmos stellt kein *Modell* mehr dar. Die Bibel erklärt den Menschen zu seinem Eigentümer oder zumindest Nießbraucher: »Seid fruchtbar und mehrt euch und füllt die Erde und macht sie euch untertan und herrscht über die Fische im Meer und über die Vögel unter dem Himmel und über alles Getier, das auf Erden kriecht « (1. Mose 1,28). Dem Christentum, so Clive Ponting, »gilt die Natur nicht mehr als heilig. Sie ist zur menschlichen Ausbeutung jenseits aller moralischen Kriterien freigegeben.«[66] In einem zweiten Schritt vollendete sich mit Descartes die »Entzauberung« der Welt. Sie war nun nur noch unbelebtes Objekt, bar einer Seele und jedes Sinns und Zwecks, der über den eines Vorratslagers hinausginge, dessen sich der Mensch nach Belieben bedienen konnte. So machte er sich zum »Meister und Besitzer über die Natur«, und die Umwelt ist seither vollkommen der Entfesselung der instrumentalen »Vernunft« und der auf Nutzen ausgerichteten Ausbeutung ausgeliefert. Mit dem Eintritt in die Neuzeit schließlich, in der die Ideologie des Fortschritts und das Axiom des Eigeninteresses sich überall durchsetzen, wird der Profit zum Universalgesetz. Gleichzeitig wird das individualistische Menschenbild der Aufklärung um das Dogma von der »unsichtbaren Hand« und dem »natürlichen Interessenausgleich« ergänzt. Sämtliche sozialen Beziehungen »verdinglichen« sich und verwandeln sich in Handelswaren. Die technologische Entwicklung macht die Plünderung und Verheerung des Planeten möglich.

Den Sinn des Wachstums zu hinterfragen, bedeutet selbstverständlich auch, die größere Frage nach der menschlichen Natur und dem Zweck seines Daseins auf der Erde zu stellen. Die Ökologie kommt also nicht um die Formulierung eines Menschenbildes herum – davon wiederum hängt ab, was von einer Politik zu erwarten ist. Insofern ist dem Soziologen Alain Caillé recht zu geben, wenn er fordert, Umweltethik dürfe sich nicht in ökonomischen oder naturwissenschaftlichen Argumenten erschöpfen, sondern verlange »ethische und metaphysische Entscheidungen«.[67]

Der Umweltethik geht es darum, jegliche Form der Umweltzerstörung und des galoppierenden Produktivismus zu beenden. Insofern stellt sie einen radikalen Bruch mit der Ideologie der Aufklärung dar, will heißen mit der Ideologie der Moderne. Deren Motor war der Glaube an den Fortschritt, der Willen, die Welt unter die Herrschaft der Vernunft zu bringen. Dazu zählt auch die gesamte Tradition jener Denkströmungen, die sich bei allen Gegensätzen untereinander in der Überzeugung einig waren, die Biosphäre habe keinerlei Eigenwert – oder sie erhalte einen solchen erst im Zuge ihrer künstlichen Verwandlung durch eine Menschheit, die sie sich zum Mittel ihrer Macht und ihres »Glücks« machen wollte. Im Rückblick mag man durchaus bezweifeln, ob die Anliegen der Arbeiterbewegung und des Sozialismus allgemein jemals mit dem Vermächtnis der Aufklärung kompatibel waren. Dessenungeachtet hat die klassische Linke der Moderne ihre Ursprünge in ebendieser Ideologie. Die Umweltethiker, die sich weiterhin zumeist politisch links verorten – und zwar keineswegs zu Unrecht –, müssen sich also vergegenwärtigen, daß die Linke, auf die sie sich berufen, zwangsläufig eine ganz andere ist als die aus dem aufklärerischen Gedankengut entstandene. Deswegen sollten sie jene rechten Denker in einem neuen Licht sehen, die sich oft schon vor ihnen selber von der Ideologie der Aufklärung verabschiedet haben. Selbstverständlich gilt umgekehrt dasselbe: Auch Rechte müssen sich anhören, was jene andere Linke zu sagen hat. Das setzt auf beiden Seiten die Erkenntnis voraus, daß hier eine vollkommen neuartige ideologische Landschaft entsteht, in der die alten Gräben obsolet und unweigerlich neue Konvergenzen sichtbar werden. Oder anders gesagt: Eine sozialistische Linke, die die Weitsicht hätte, mit dem Fortschrittsdenken zu brechen, wäre heutzutage der natürliche Verbündete einer Rechten, die wiederum den Autoritarismus, die Metaphysik der Subjektivität und die Logik des Profits überwinden könnte.

1 Peter Sloterdijk, »Que s'est-il passé au XXe siècle? En route vers une critique de la raison extrémiste«, Antrittsvorlesung, Emmanuel-Lévinas-Lehrstuhl, Universität Straßburg, 4. März 2005.

2 Vgl. Hervé Le Treut und Jean-Marc Jancovici, *L'effet de serre. Allons-nous changer le climat?* Flammarion, Paris 2004; Jean-Michel Valantin, »Le réchauffement climatique: une menace stratégique mondiale«, in: *Diplomatie magazine*, Juni–Juli 2004; Jacques Grinevald,»L'effet de serre de la biosphère. De la révolution thermo-industrielle à l'écologie globale«, in: *Stratégies énergétiques / Biosphère et société*, 1, S. 9–34. Vgl. auch die beiden Sonderhefte der Zeitschrift *The Ecologist* zum Klimawandel von März 1999 und November 2001.

3 Diese Zahlen finden sich im letzten Bericht (2001) des GIEC. Vgl. Frédéric Lasserre, »L'impact géopolitique des changements climatiques. L'expérience canadienne«, in: *Diplomatie magazine*, Juni–Juli 2004.

4 Vgl. Daniel Glick, »Le grand dégel«, *National Geographic-France*, Oktober 2004.

5 Vgl. Andrew C. Revkin, »Global Warming is Expected to Raise Hurricane Intensity«, *Los Angeles Times*, 30. September 2004

6 Vgl. François-Xavier Albouy, *Le temps des catastrophes*, Descartes & Cie, Paris 2002.

7 Heute leben etwa 1,4 Millionen bekannte Tier- und Pflanzenarten auf der Erde (darunter 751000 Insektenarten), aber manche Autoren gehen davon aus, daß die tatsächliche Zahl zehnmal, fünfzigmal oder sogar hundertmal so hoch liegt. Schätzungen werden dadurch erschwert, daß die Verwendung des Artenbegriffs teilweise willkürlich ist (die Grenze zwischen Art und Unterart wird von einer Klasse von Lebewesen zur anderen unterschiedlich gezogen). Die Forschung geht außerdem davon aus, daß 99 Prozent aller in der Vergangenheit existierenden Arten mittlerweile ausgestorben sind. Das Artensterben ist also eine normale Erscheinung, die aber durch die Einwirkung des Menschen auf den natürlichen Lebensraum erheblich beschleunigt wird. Edward O. Wilson schätzt, daß der Mensch jedes Jahr für das Aussterben von 27 000 bis 63000 verschiedenen Arten verantwortlich ist (*The Diversity of Life*. Belknap Press, Harvard 1992). Auch bei den Haus- und Nutztieren macht sich dieser Verlust der genetischen Vielfalt bemerkbar: Innerhalb von weniger als zwei Jahrhunderten sind in Frankreich sieben Rinderrassen vollständig ausgestorben; in ganz Europa sind weitere vom Aussterben bedroht. In einem weniger spektakulären Ausmaß ist dasselbe Phänomen aufgrund der Standardisierung landwirtschaftlicher Methoden auch im Pflanzenreich zu beobachten. Zur genetischen Vielfalt vgl. Bryan G. Norton, *Why Preserve Natural Variety?* Princeton University

Press, Princeton 1987; Edward O. Wilson und F. M. Peter (Hrsg.), *Biodiversity*. National Academic Press, Washington 1988; Edward O. Wilson, *L'avenir de la vie*. Seuil, Paris 2003.

8 Vgl. E. Matthews u. a., *Pilot Analysis of Global Ecosystems. Forest Ecosystems*. World Resources Institute, Washington 2000.

9 Vgl. Aline Fauvarque, »Quand les derricks s'arrêteront«, *Valeurs actuelles*. Paris, 2. Juni 2005, S. 40–46.

10 Vgl. die auf dem Internetportal www.oleocene.org verfügbaren Informationen.

11 Vgl. Vandana Shiva, *La Guerre de l'eau*. Parangon, Lyon 2003.

12 Australian Associated Press, 18. November 2004.

13 Vgl. Ignacy Sachs, *L'Écoldéveloppement*. Syros, Paris 1993. Die Wortschöpfung »eco-development« wurde bereits bei der Uno-Umweltkonferenz 1972 in Stockholm verwendet.

14 Zur Uno-Konferenz für Umwelt und Entwicklung vgl. René Coste und Jean-Pierre Ribaut, *Les Nouveaux Horizons de l'écologie. Dans le sillage de Rio*. Centurion, Paris 1993.

15 Der Bericht ist benannt nach dem Norweger Gro Harlem Brundtland, dem damaligen Präsidenten der Uno-Kommission für nachhaltige Entwicklung. Er wurde veröffentlicht als *Our Common Future*. Oxford University Press, Oxford 1987.

16 John Pessey von der Weltbank führte 1989 bereits 37 unterschiedliche Definitionen auf. Zur selben Zeit sprach François Hatem freilich von sechzig!

17 Vgl. Lester Brown, *Eco-Economy*. W. W. Norton, New York 2001. Zur Hypothese einer »Vergrünung« des technologischen Produktivismus und der Entstehung eines »grünen Kapitalismus« vgl. Denis Duclos: »La nature: principale contradiction culturelle du capitalisme?« *Actuel Marx*, 2. Hj. 1992, S. 41–58.

18 Das California Waste Management Board, die bundesstaatliche Behörde für Müllentsorgung, zahlte schon vor einigen Jahren einer Beratungsfirma aus Los Angeles namens Cerrel Associates eine Summe von einer Million Dollar, um herauszufinden, an welchem Ort der Erde sich die Bevölkerung nach Leistung eines finanziellen Schadenersatzes »am wenigsten gegen die unerwünschte Nutzung der Erde« auflehnen würde, ein Euphemismus für die Lagerung von Giftmüll.

19 »Im Prinzip gibt es gar kein Problem,« schreibt R. M. Solow, »die Erde kann ohne natürliche Ressourcen weiterbestehen« (»Intergenerational Equity and Exhaustible Resources«, *Review of Economic Studies*, 1974, S. 11).

20 »Doit-on craindre un déclin de l'économie mondiale?«, online.

21 André Gorz, »L'écologie politique entre expertocratie et autolimitation«, *Actuel Marx*, 2. Hj. 1992, S. 17.

22 Michel Serres, *Le Contrat naturel*. Flammarion, Paris 1992, S. 56.

23 Edgar Morin, *La Vie de la vie*. Seuil, Paris 1980, S. 95.

24 Vgl. Serge Latouche, *Fault-il refuser le développement? Essai sur l'anti-économie du Tiers-monde*. PUF, Paris 1986; ders., *L'Occidentalisation du monde*. Découverte, Paris 1989; Serge Latouche, Samir Amin und Alain Lipietz, »Trois auteurs en quête du Tiers-monde«, *Cosmopolitiques*, Paris 1986. Latouche versteht Entwicklung als »ein Unternehmen, das aggressiv gegenüber der Natur wie gegenüber den Völkern ist«. Insofern sei sie »ebenso wie die Kolonisierung , die ihr vorausgeht, und die Globalisierung, die auf sie folgt, ein sowohl wirtschaftliches als auch militärisches Werk der Herrschaft und Eroberung. [...] Entwicklung war und ist die Verwestlichung der Welt« (*Survivre au développement. De la décolonisation de l'imaginaire économique à la construction d'une société alternative*. Mille et une nuits, Paris 2004, S. 29). Vgl. auch Gilbert Rist, *Le Développement. Histoire d'une croyance occidentale*. Presses de la Fondation nationale des sciences politiques, Paris 1996. »Die Entwicklung«, so Bernard Hours, »erweist sich als bemerkenswertes Werkzeug des Neokolonialismus aufgrund ihrer Dimension des Pädagogischen, die Hilfe und Unterstützung nahelegt« (*Domination, dépendances, globalisation. Tracés d'anthropologie politique*. L'Harmattan, Paris 2002, S. 66).

25 Stéphane Bonnevault, *Développement insoutenable. Pour une conscience écologique et sociale*. Éditions du Croquant, Bellecombe-en-Bauges 2003, S. 33, 39 und 197. Vgl. auch Marie-Dominique Perrot: »Durch eine systematische Transformation der Natur und der sozialen Beziehungen in Waren und Dienstleistungen [...] erweist sich die Entwicklung als das größte und umfassendste Unternehmen der Vertreibung und Enteignung zugunsten der herrschenden Minderheiten, das es je gegeben hat« (»Les empêcheurs de développer en rond«, *Ethnies*, VI, 1991, 13, S. 5).

26 Jean Baudrillard: »Das Bedürfnissystem ist das Produkt des Produktionssystems.« Vgl. auch Christian Coméliau, *Les impasses de la modernité*. Seuil, Paris 2000.

27 Jean-Baptiste Say, Cours d'économie politique, 1828–30, zitiert in: René Passet, »Une économie respectueuse de la biosphère«, *Le Monde diplomatique*, Paris, Mai 1990.

28 Zu den Irrtümern der liberalen Lehre vgl. James Eagert, *Meadowlark Economics. Work and Leisure in the Ecosystem*. M.E. Sharpe, New York 1992; Thomas Michael Power, *Lost Landscapes and Failed Economies. The Search for a Value of Place*. Island Press, Washington 1996; René Passet, *Une Économie de rêve*. Calmann-Lévy, Paris 1995 (Neuauflage: Mille et une nuits, Paris 2003); ders., *L'Illusion néolibérale*. Fayard, Paris 2000. Vgl. auch Jean Aubin, *Croissance: l'impossible nécessaire*. Planète bleue, Le Theil 2003.

29 Der Club of Rome wurde auf Betreiben des italienischen Ökonomen Aurelio Peccei gegründet und bestand aus dreißig Experten aus zehn Ländern. Der Meadows-Bericht wurde veröffentlicht als *Halte à la croissance?* Fayard, Paris 1972.

30 Serge Latouche, *Faut-il refuser le développement?* a. a. O.; ders., *La Planète des naufragés. Essai sur l'aprés-développement.* Découverte, Paris 1991; ders., *La Planète uniforme.* Climats, Castelanu-le-Lez 2000; ders., *Survivre au développement*, a. a. O.

31 Edward Goldsmith, *Le Défi du XXIe siècle. Une vision écologique du monde.* Rocher, Paris 1994.

32 Der Verein La ligne d'horizon unter Vorsitz von Serge Latouche ist benannt nach einem Buch von François Partant (1926–1987), dem Verfasser der Werke *La fin du développement. Naissance d'une alternative?* Découverte, Paris 1983; *La ligne d'horizon. Essai sur l'après-développement.* Découverte, Paris 1988; *Que la crise s'aggrave!* Parangon, Lyon 2002. In seiner Arbeit beruft er sich auf Forscher und Denker wie François Partant, Robert Jaulin, Nicholas GeorgescuRoegen, Jacques Ellul, Ivan Illich, Christopher Lasch, Gilbert Rist usw. Er ist Mitglied im wachstumskritischen Netzwerk ROCAD (Réseau des objecteurs de croissance pour une après-développement), dem außerdem die Zeitschriften *Silence, La Décroissance* und *L'Ecologiste* sowie das Institut pour la décroissance und die Vereinigung der Werbungsgegner Casseurs de pub angehören. Die entsprechenden Internetauftritte finden sich unter: www.apres-developpement.org (La ligne d'horizon und ROCAD); www.decroissance.org (Institut d'études économiques et sociales pour la croissance soutenable); www. ekopedia.org (Encyclopédie pratique des techniques alternatives de vie). Vgl. auch die Internetauftritte von Casseurs du pub (www.antipub.net) und des kanadischen Réseau québécois pour la simplicité volontaire (www. simplicitevolontaire.org). Schließlich wäre noch das International Network for Cultural Alternatives to Development (INCAD) zu erwähnen, das in Montreal die Zeitschrift *Interculture* herausgibt, sowie das Réseau Nord/Sud cultures et développement mit Sitz in Brüssel, Herausgeber des dreisprachigen Bulletins *Quid pro quo.*

33 L'Écologiste (www.ecologiste.org) ist die französische Ausgabe der von Edward Goldsmith herausgegebenen Zeitschrift *The Ecologist.* Die ebenfalls französischsprachige Zeitschrift Silence (9 rue Dumenge, 69004 Lyon, www. revuesilence.net) wurde 1982 gegründet.

34 Die Ergebnisse wurden veröffentlicht als *Défaire la développement/refaire le monde*, Parangon, Lyon 2002. Vgl. auch die Sonderausgabe von *L'Écologiste* (II, 4–6, Winter 2001/2002), die unter demselben Titel erschien. Ähnliche Thesen werden vertreten in Wolfgang Sachs (Hrsg.), *The Development Dictionary.* Zed Books, London

1992; Wolfgang Sachs und Esteva Gustavo (Hrsg.), *Les Ruines du développement.* Ecosociété, Montreal 1996; Wolfgang Sachs, *Planet Dialectics*. Zed Books, London 1999.

35 Vgl. Nicholas Georgescu-Roegen, *Demain la décroissance. Entropie – écologie – économie.* Pierre-Marcel Favre, Lausanne 1979. (2. Auflage: *La décroissance. Sang de la Terre*, Fontenay-le-Fleury 2006.) Vgl. auch Mauro Bonaiuti, *La teoria bioeonomica. La nuova economia di Nicholas Georgescu-Roegen.* Carocci, Rom 2001; ders., Nicholas Georgescu-Roegen. *Bioeconomica. Verso un'altra economia ecologicamente e socialmente sostenible.* Bollato Boringhieri, Turin 2003.

36 Nach Georgescu-Roegen, erläutert Stéphane Bonnevault, »stellt die nutzbare (*freie*) Energie eine gewisse geordnete Struktur dar, die er als niedrige Entropie bezeichnet, über die der Mensch eine nahezu totale Herrschaft ausüben kann, während die nicht nutzbare (*gebundene*) Energie in einem ungeordneten Zustand verstreut ist, den er als hohe Entropie bezeichnet, und der Mensch sie absolut nicht nutzen kann. Nun nimmt die Entropie (die Menge an gebundener Energie) in einem geschlossenen System stetig zu. Anders gesagt, die Ordnung eines derartigen Systems transformiert sich kontinuierlich und unwiderruflich in Unordnung. [...] Für die Wirtschaft hat dies gewichtige Folgen. Denn aus thermodynamischer Sicht wird Stoff-Energie in einem Zustand niedriger Energie vom ökonomischen Prozeß absorbiert, bei ihrem Ausstoß aber befindet sie sich im Zustand hoher Entropie« (a. a. O., S. 222). »Während Georgescu-Roegen sich auf Möglichkeiten der Substitution zwischen natürlichen Ressourcen und Technologie bezieht, *um dasselbe Gut zu produzieren* (zum Beispiel ein Auto)«, fügt Mauro Bonaiuti hinzu, »beziehen die neoklassischen Autoren sich auf Möglichkeiten der Substitution, die geeignet sind, ein bestimmtes Wohlstandsniveau zu erzeugen. Selbstverständlich kann man dieselbe Leistung (denselben Nutzen) erhalten, wenn man sich zu Pferde oder im Auto fortbewegt, aber der Einsatz natürlicher Ressourcen und der Technologie wird nicht identisch sein« (»À la conquête des biens relationnels«, *Silence*, Lyon, Februar 2002).

37 Zitiert in Ed Regis, »The Environment Is Going to Hell«, in: *Wired*, 1997, 5, S. 198. Simon sagt nichts darüber, wie dies überhaupt möglich sein soll. Im selben Geiste versichert Björn Lomborg, im Jahr 2050 – zu einem Zeitpunkt, da die Menschheit über neun Milliarden Individuen zählen wird – wird der durchschnittliche Erdenbürger doppelt so reich sein wie heute« (*L'écologiste sceptique*, Cherche-Midi, Paris 2004, S. 536). Alle diese Behauptungen, die sich auf keinerlei genaue Zahlen stützen, sind reines Wunschdenken.

38 »Sur l'idéal du développement durable«, in: *Dépenser l'economique. Contre le fatalisme.* Découverte, Paris 2005, S. 239. Zu den Unzu-

länglichkeiten des BIP vgl. Patrick Viveret, *Reconsidérer la richesse.* L'Aube, 2003 (Druckfassung eines Berichts, der im Januar 2002 dem Staatssekretär für Solidarische und Soziale Wirtschaft übergeben wurde); sowie ders., »Développement et progrès social: quels indicateurs choisir«, in: *Alternatives économiques*, Februar 2003. Es gibt unterschiedliche Vorschläge für alternative Meßinstrumente, um diese Unzulänglichkeiten zu beheben. 1990 begann die UN mit der jährlichen Ermittlung eines Human Development Index (HDI), der die Entwicklung einer Gesellschaft unabhängig vom BIP pro Einwohner feststellen sollte. Hierbei schneiden die Länder mit dem stärksten Wirtschaftswachstum nicht unbedingt am besten ab. Ein anderer Vorschlag sieht ein »grünes BIP« vor, das Verschmutzungen und andere Umweltschäden berücksichtigt. Das Net National Welfare, eine Erfindung James Tobins, zielt ebenfalls darauf ab, das BIP um die Kosten der Umweltzerstörung zu bereinigen. Seit 1994 verwendet das Institut Redefining Progress einen Genuine Progress Indicator (Reellen Fortschrittsindikator), den Herman Daly und C. Cobb geschaffen haben. Die mit seiner Hilfe gesammelten Daten zeigen, daß der »reelle Fortschritt« in den USA seit den siebziger Jahren stagniert, obwohl das BIP seither stetig gestiegen ist. Vgl. C. Cobb, T. Halstead und J. Rowe, *The Genuine Progress Indicator. Summary of Data and Methodology.* Redefining Progress, San Francisco 1005. In einer in der Zeitschrift *Nature* (Mai 1997) veröffentlichten Studie haben Robert Costanza und Mitarbeiter zudem versucht, den Wert der Güter und Dienstleistungen zu errechnen, die die Ökosysteme der Erde dem Menschen liefern. Sie kamen zu dem Schluß, daß deren Wert das Doppelte des weltweiten BIP beträgt. Diese Zahlen mag man fragwürdig finden, weil der Wert natürlicher Ressourcen sich nicht vollständig in Geldsummen angeben läßt, aber immerhin vermitteln sie einen Eindruck von den Dimensionen, um die es hier geht.

39 Vgl. Ignacio Ramonet, »Nouveau siècle«, in: *Le Monde diplomatique*, Paris, Januar 1999.

40 Serge Latouche, »À bas le développement durable! Vive la décroissance conviviale!«, in: *Silence*, Oktober 2002. Vgl. auch ders., *Survivre au développement*, a. a. O., S. 29.

41 »Ökologie ist subversiv«, so Cornelius Castoriadis, »denn sie stellt die kapitalistische Vorstellungswelt in Frage, die den Planeten beherrscht. Sie leugnet deren zentrales Motiv, dem zufolge unsere Bestimmung darin liegt, unermüdlich die Produktion und den Konsum zu steigern. Sie zeigt die katastrophale Wirkung der kapitalistischen Logik auf die natürliche Umwelt und auf das Leben der Menschen auf« (»L'écologie contre les marchands«, in: *Une société á la dérive.* Seuil, Paris 2005, S. 237).

42 *L'Écologiste*, Winter 2001; *Silence*, Februar 2002. Vgl. auch Serge Latouche, »Développement durable: un concept alibi. Main invisible et mainmise sur la nature«, in: *Revue Tiers-monde*, Januar–März 1994, S. 77–94.

43 Serge Latouche, »À bas le développement durable! Vive la décroissance conviviale!«, a. a. O.

44 William E. Rees und Mathis Wackenagel, »Ecological Footprints and Appropriated Carrying Capacity. Measuring the Natural Capital Requirements of the Human Economy«, in: Ann Mari Jansson (Hrsg.), *Investing in Natural Capital. The Ecological Economics of the Human Economy*. Island Press, Washington , 1994, S. 362–390.

45 François Schneider, »Point d'efficacité sans sobriété«, *Silence*, Februar 2002.

46 Vgl. Matthias Biswanger, »Technological Progress and Sustainable Development. What About the Rebound Effect?«, *Ecological Economics*, 2001, S. 119–132.

47 Gegen diejenigen, die das Schreckensszenario einer vollkommenen Vermarktwirtschaftlichung der Welt an die Wand malen, pochen andere darauf, daß die Geldwirtschaft nicht zwangsläufig mit der Ausdehnung der Marktbeziehungen synonym sei, sondern auch eine Vergenossenschaftlichung von Dienstleistungen oder die Einführung von nicht-marktwirtschaftlichen Solidaritätsmechanismen bewirken könne. An diesem Argument ist etwas dran, aber es ist ziemlich schwach, da marktwirtschaftliche Tauschgeschäfte eindeutig den bei weitem größten Anteil an der gegenwärtigen wirtschaftlichen Aktivität ausmachen.

48 Mauro Bonaiuti, »À la conquête des biens relationnels«, a. a. O.

49 Serge Latouche, »Pour une société de décroissance«, in: *Le Monde diplomatique*, Paris, November 2003, S. 18 f.

50 A. a. O., S. 15 und 71.

51 Dieser archaischen Linken, die die Logik des Kapitals nur insofern kritisch sieht, als sie der Hauptverursacher von »Ungleichheiten« ist, entgegnet Bernard Guibert: »Wenn es möglich wäre, den Kapitalismus soweit zu reformieren und zu mäßigen, daß die Ungleichheiten reduziert, ja sogar beseitigt wären, würde dadurch die kapitalistische Ausbeutung und Entfremdung nicht im geringsten menschlich akzeptabel« (»Décoloniser notre imaginaire de croissance? Ça urge!«, *Mouvements*, Paris, Mai–August 2004, S. 243).

52 »Die Vorstellung, daß Ökologie reaktionär sei«, so Cornelius Castoriadis, »beruht entweder auf einer haarsträubenden Unwissenheit der Problemlage oder auf Überresten der ›fortschrittlichen‹ Ideologie: den Lebensstandard anheben ... komme, was wolle!« (»L'écologie contre les marchands«, in: *Une société à la dérive*, a. a. O., S. 237.)

53 Vgl. die Aufsätze von Geneviève Azam und Jean-Marie Harribey in Ausgabe 32 der Zeitschrift *Mouvements* zu dem Thema »Croissance et décroissance en débat« (»Eine Debatte zwischen Wachstum und Wachstumsrücknahme«). Vgl. weiterhin die Kritikpunkte, die in Italien insbesondere gegen Serge Latouche von Andrea Ricci in *Liberazione* vom 26. Juli 2005 vorgebracht wurden. Ricci wirft Latouche vor, daß er sich nicht nur gegen den Kapitalismus, sondern gegen die marktwirtschaftliche Mentalität als solche wendet (eine Haltung, die ihrer Ansicht nach auf Denker wie Heidegger, Spengler, Jünger oder Ortega y Gasset sowie auf die »fortschrittsfeindliche und konservative Ökologie« bei Arne Næss und Christopher Lasch zurückverweist). Ihr mißfällt auch Latouches Überzeugung, daß die Unterscheidung zwischen Rechts und Links ihre Gültigkeit verloren habe. Schon am Folgetag druckte dieselbe Zeitung eine Erwiderung von Pierlui Sullo (Liberazione, 27. Juli 2005). »Im Grunde«, so Latouche selber, »glauben viele Globalisierungsgegner, und zwar insbesondere die Verfechter einer ›anderen Globalisierung‹, der Heilsweg liege in einer Rückkehr zur Entwicklung, nämlich in einer ›Umentwicklung‹« (*Survivre au développement*, a. a. O., S. 24).

54 Marshall Sahlins, *The Original Affluent Society. Stone Age Economics*. Aldine, New York, 1972.

55 »Wenngleich das ›Lokale‹ nicht eindeutig definierbar ist hinsichtlich seiner geographischen Ausdehnung, die von geometrischen Variablen bestimmt wird [...]«, so Latouche, »bezieht es sich in unmißverständlicher Weise auf ein Gebiet, ja sogar auf eine Gegend und mehr noch auf angestammte (materielle, kulturelle, zwischenmenschliche) Erbgüter, also auf Beschränkungen, auf Grenzen und auf Verwurzelung« (*Survivre au développement*, a. a. O., S. 45). An einer anderen Stelle heißt es: »Für die Länder des Südens [...] geht es weniger darum, das Wachstum zurückzunehmen (noch darum, es anzukurbeln), sondern darum, den von der Kolonisierung, dem Imperialismus und dem militärischen, politischen, wirtschaftlichen und kulturellen Neo-Imperialismus zerrissenen Strang ihrer Geschichte neu zu knüpfen, um sich ihre Identität wieder anzueignen« (ebenda, S. 101).

56 Serge Latouche, »Pour une société de décroissance«, a. a. O.

57 Ebenda.

58 Ebenda.

59 Vgl. auch seine Debatte mit Hubert Védrine (»Nous sommes entrés dans l'ère des catastrophes pédagogiques«, in: *Le Monde*, 26. Mai 2005, S. X). Ein ähnlicher Ansatz findet sich bei Jean-Pierre Dupuy, *Pour une catastrophisme éclairé. Quand l'impossible est certain*. Seuil, Paris 2002.

60 »À la conquête des biens relationnels«, *Silence*, Lyon, Februar 2002. Im selben Geiste fordert Bertrand Louard die Erfindung einer anderen Form des Reichtums: »ein Reichtum, der sich nicht an der Menge der Konsumgüter oder der miteinander ausgetauschten Zeichen mißt, sondern eher ein Reichtum an Bedeutungen und Ausdrücken, die die sozialen Beziehungen und die Beziehungen der Menschen zur Natur ebenso reflektieren wie konstruieren«. (»Quelques éléments d'une critique de la société industrielle«, in: *Bulletin critique des sciences, des technologies et de la société industrielle*, Juni 2003, S. 28.)

61 Serge Latouche, »À bas le développement durable? Vive la décroissance conviviale!«, a. a. O.

62 Serge Latouche, »Pour une societé de décroissance«, a. a. O.

63 *L'Écologiste*, Winter 2000.

64 *Le Monde*, 26. Mai 2005, S. XI.

65 Bernard Guibert, »Décoloniser notre imaginaire de croissance? Ça urge!«, a. a. O., S. 243.

66 Clive Ponting, *A Green History of the World. The Environment and the Collapse of Great Civilizations*. Penguin Books, London 1991, S. 144. Vgl. auch Lynn White Jr., »The Historical Roots of Our Ecological Crisis«, *Science*, 1967, S. 1203–1207; Eugen Drewermann, *Der tödliche Fortschritt. Von der Zerstörung der Erde und des Menschen im Erbe des Christentums*. Pustet, Regensburg 1990.

67 Alain Caillé, »La question du développement durable comme question politique. Illimitation et irréversibilité«, in: *Dé-penser l'économique. Contre le fatalisme*, a. a. O., S. 250.

Ökologie und Fortschrittsideologie

»Natura nihil agit frustra«
Robert Browne, *Religio Medici* (1643, I, 15)

Zur Ökologie und den zahlreichen Problemen, vor die sie uns gegenwärtig stellt, ist bereits eine umfangreiche Literatur erschienen. Hier sollen drei große Leitlinien aufgezeigt werden, um die drei interessantesten Aspekte dieser vergleichsweise neuen Forschungsrichtung – die Anliegen, die sich in ihr ausdrücken, und die Perspektiven, die sie für das gerade begonnene Jahrhundert eröffnen kann – in den Blick zu rücken.

Zunächst soll es um die schlichte Feststellung gehen, daß mit der Ökologie die Fortschrittslehre, wie sie unser westliches Denken und Handeln bislang bestimmt hat, in eine radikale Krise geraten ist. Bekanntlich wurzelt diese Ideologie in dem teleologischen, unilinearen Verständnis von historischem Wandel, das uns die Bibel lehrt. Im Christentum erfährt sie ihre endgültige Ausprägung bei Augustinus: Jedwede zyklische Betrachtung geschichtlicher Vorgänge wird zugunsten einer Zeitlichkeit aufgegeben, die entlang eines Vektors von der Schöpfung bis zur Apokalypse verläuft – von einem Anfang, vor dem nichts war, bis zu einem vorherbestimmten Ende. Im Zuge der Renaissance wird die Fortschrittslehre dann ideologisch umformuliert. Von nun an ist sie profan zu verstehen, genauer gesagt als säkulare Religion.

Der »Fortschritt« verspricht für eine im Diesseits verortete Zukunft ein Heil, das die christlichen Theologen einst im Jenseits ansiedelten. Ihre endgültige Form nimmt die Fortschrittslehre im 17. und vor allem im 18. Jahrhundert im Rahmen der Aufklärung an: Die Geschichte wird zu einem regelrechten linearen Vormarsch im Zeichen einer stetigen Verbesserung der Menschheit von einem Stadium zum nächsten. In seiner Schrift Esquisse d'un tableau historique des progrès de l'esprit humain (1793) verheißt Condorcet die Heraufkunft der glücklichen Gesellschaft durch die Anwendung naturwissenschaftlicher Methoden auf die Geisteswissenschaften. »Jedes Jahrhundert«, prophezeit er, »wird die Erleuchtungen des ihm vorangegangenen um neue ergänzen; und diese Fortschritte, die inzwischen nichts aufhalten oder verzögern kann, stammen aus keinen anderen Ursprüngen als jenen, aus denen sich das Fortdauern des Universums speist.« Im selben Geiste behauptete Turgot, »seit seinem Ursprung betrachtet, erscheint das menschliche Geschlecht den Augen des Philosophen als ein immenses Ganzes, das wie jeder einzelne Mensch seine Kindheit und seine Fortschritte hat«. Kant wiederum definierte nach ihm die Aufklärung als »Ausgang des Menschen aus seiner selbstverschuldeten Unmündigkeit«.

Mit der Fortschrittsideologie verbinden sich eine Reihe von Schlüsselgedanken: Jede Neuerung ist gut, eben weil sie neu ist, so daß folglich die Geschichte sich immer zum Besseren verändert und die Zukunft auf jeden Fall besser ist als die Vergangenheit. (»Nichts ist dem Fortschritt so hinderlich wie die Bewunderung für das Altertum«, sagte Fontanelle.) Die Welt ist unvollkommen, kann und muß aber durch ständige Verbesserung vollkommen gemacht werden (diese grundsätzliche Abwertung der Welt stützt sich bisweilen auf den Glauben an eine Urwelt, an deren Vorbild man sich halten soll, oder auch an ein goldenes Zeitalter, das die Zukunft unweigerlich wiederherstellen wird – freilich diesmal in unvergänglicher, unumkehrbarer Form). Die Menschheit marschiert auf einem einzigen, gemeinsamen Weg voran, der sie Schritt für Schritt zum irdischen Paradies führt – infolgedessen sind die Unterschiede zwischen den Kulturen nur ein vorübergehendes Stadium in der Universalgeschichte. Bestimmte Gesellschaften haben dabei bereits einen »Vorsprung« gegenüber anderen, was ihnen das Recht, ja die Pflicht gibt, den »Zurückgebliebenen« die geeigneten Mittel aufzuzwingen, um ihre Rückständigkeit aufzuholen. Und schließlich herrscht die Vorstellung, daß sich der »Fortschritt des Fortschritts« am besten an der Steigerung des materiellen Wohlstands der größten Anzahl messen läßt – daher rührt die wesentliche Bedeutung des wirtschaftlichen Vergleichsfaktors – und daß die menschliche Natur ihrerseits um so größere »Fortschritte« macht, je besser sich die Existenzbedingungen entwickeln (somit gerät die Erhöhung des Brutooinlandsprodukts gewissermaßen zum moralischen Imperativ). Im 19. Jahrhundert feierte diese Lehre beachtliche Erfolge und wurde in vielfältiger Weise umgesetzt. In der Wissenschaft nährte sie positivistische Gewißheiten. Eine oberflächliche Deutung der Darwinschen Lehre, die davon ausgeht, daß der »Fähigste« dank der natürlichen Auslese automatisch siegt – daß also dasjenige, dem der meiste Wert zukommt, das Wertlose ausmerzt, wenn man der Natur ihren Lauf läßt –, scheint der Fortschrittsideologie eine gewisse Legitimität zu verleihen. Gleichzeitig rechtfertigt sie jedoch das Recht des Stärkeren.[1] Karl Marx wiederum prophezeite die unaufhaltsame Heraufkunft der klassenlosen Gesellschaft als Endstadium der Geschichte. Auch die Liberalen glaubten an den progressiven historischen Verlauf auf einen mehr oder weniger stabilen Endzustand zu. Damit sahen sie das »Ende der Geschichte« erreicht, wie es schließlich Francis Fukuyama nach dem Zusammenbruch des Ostblocks ausrief. Gemeint war damit, daß sich die liberale Demokratie und der Markt (zwei Begriffe, die praktisch als Synonyme verwendet werden) weltweit durchgesetzt hätten. Nach dieser Auffassung mündet der Fortschritt also in einem historischen »Moment«, in dem eine radikal andere und dabei radikal bessere Welt nicht mehr vorstellbar sei. In mannigfaltiger Form verheißt die Fortschrittsideologie die glückliche Gesellschaft, die soziale Durchlässigkeit, die Einheit der mit sich selbst versöhnten Menschheit, den endgültigen Eintritt in das »Reich der Freiheit«.

Die Grundlage, auf der diese Ideologie aufbaut, birgt zwei gewaltige Widersprüche. Der erste liegt darin, daß der Fortschritt sowohl als eine objektive, notwendige Gegebenheit dargestellt wird, die sich des menschlichen Willens bemächtigt und ihr Dasein bestimmt, wie als eine schrittweise Befreiung aus sämtlichen natürlichen, biologischen oder sozialen Vorherbestimmungen, die bislang galten. Einerseits wird Fortschritt als »Naturgesetz«, als unwiderstehlicher Vorwärtsdrang beschrieben, den Intoleranz, »Aberglauben«, Despotismus oder Krieg zwar behindern oder verlangsamen können, an dessen letztendlichem Sieg aber kein Zweifel besteht. Andererseits aber wird er mit einer stetig zunehmenden Freiheit gleichgesetzt, die wesentlich durch die Emanzipation von allem, was mit »Natur« oder Tradition zu tun hat, errungen wird. »Indem er mit der Natur bricht, wird der Mensch er selber«, schreibt Luc Ferry, »indem er sich gegen Determinismus und Tradition auflehnt, schafft er eine Gesellschaft, in der das Recht gilt, indem er seiner Vergangenheit entkommt, öffnet er sich der Kultur und gelangt zur Erkenntnis ... Seit der Französischen Revolution beruht unsere gesamte demokratische, intellektuelle, ökonomische, künstlerische Kultur auf der notwendigen Entwurzelung ...«[2] Daran wird ersichtlich, daß die Fortschrittsideologie den Menschen aus seinen »natürlichen« Bestimmtheiten freisetzt, um ihn dem Determinismus einer historischen Zwangsläufigkeit zu unterwerfen. Die »Freiheit« kommt dabei kaum auf ihre Kosten.

Der zweite Widerspruch, der sich aus dem ersten ableitet, ist bedrohlicher. Wenn der Mensch erst wirklich zum Menschen wird, je mehr er mit der »Natur« und den Traditionen bricht, die früher sein soziales Leben regierten, folgt daraus, daß traditionelle Gesellschaften, die die »Errungenschaften« der Entwurzelung noch nicht vollzogen haben, aus unvollkommenen Menschen bestehen, genauer gesagt: aus Untermenschen. Eben deswegen nährt die Fortschrittsideologie gerade aufgrund ihres Anspruchs auf Allgemeingültigkeit einen Rassismus der heimtückischsten Art. Sie proklamiert die Universalität des Menschengeschlechts im Namen der »in allen und in jedem« gleichermaßen vorhandenen Vernunft. Doch gerade durch die Gleichsetzung von Fortschritt und Vernunft wird ein Graben quer durch die Menschheit gezogen zwischen »primitiven«, weil »nicht vernunftgeleiteten« Völkern und den als objektiv überlegen geltenden Zivilisationen, die auf dem

Weg des Fortschritts »weiter vorangeschritten« sind. Wie Blandine Barret-Kriegel anmerkt, »gibt es ein schönes Antlitz des Fortschritts [...] aber es gibt auch seine Grimasse, welche den Gegensatz zwischen Natur und Kultur aufstellt, die einen Teil der Menschheit zur Barbarei, einen Teil der Menschheit zur Unzurechnungsfähigkeit verdammt«.[3]

Claude Lévi-Strauss hat überzeugend dargelegt, wie der abendländische Mensch im selben Zug den Bruch mit der Natur und die Trennung von bestimmten anderen Kulturen vollzogen hat, im Glauben, auf diese Weise »seinen eindeutigsten Wesenszug auslöschen zu können: daß er nämlich zuvorderst ein lebendes Wesen ist«: So könne er »an den letzten vierhundert Jahren seiner Geschichte ablesen, daß er mit der Anmaßung des Rechts, die Menschheit radikal von den übrigen Lebewesen zu trennen, einen verderblichen Kreislauf eröffnet hat, indem er jener zusprach, was er diesen entzog: Dieselbe Grenze, fortwährend enger gezogen, diente ebenso dazu, Menschen voneinander zu trennen und zugunsten immer weiter eingeschränkter Minderheiten das Privileg eines Humanismus zu beanspruchen, der von Anfang an korrumpiert war, da er sein Prinzip und seinen Begriff von der Eigenliebe hergeleitet hatte.«[4] An anderer Stelle erläuterte Lévi-Strauss: »Ich habe das Gefühl, alle Tragödien, die wir erlebt haben, angefangen vom Kolonialismus über den Faschismus bis hin zu den Vernichtungslagern, all das stellt keinen Gegensatz oder Widerspruch zu dem vermeintlichen Humanismus dar, wie wir ihn seit mehreren Jahrhunderten praktizieren, sondern, so würde ich sagen, geradezu seine natürliche Fortsetzung.«[5]

Schon Georges Sorel hatte festgestellt, daß »in der Epoche, als das Bürgertum zur herrschenden Klasse wurde, die Fortschrittslehre als Dogma ausgelegt wurde«.[6] In der Tat schien sie geeignet, den Optimismus der aufsteigenden neuen Klasse zu rechtfertigen. Dieser Optimismus wiederum gründete auf dem Glauben, Handel und wirtschaftliche Aktivität könnten eine grenzenlose Profitsteigerung gewährleisten. Eben deswegen prägte und durchzog die Fortschrittsideologie nahezu die gesamte Moderne, wie Edgar Morin aufzeigt: »Die Gewißheit der besseren Zukunft war der Mythos, den der Westen überall auf der Welt verbreitete und die Ost und West teilten. Im Osten waren die Zukunftsaussichten offiziell glänzend. Im Westen waren sie hervorragend, wie es einer Industriegesellschaft im fortgeschrittenen Entwicklungsstadium entsprach. Anderswo erwartete man, daß sich die Versprechen der Entwicklung erfüllten, ob nach ›sozialistischem‹ oder ›westlichem‹ Vorbild. Mit anderen Worten, der Glaube an eine bessere Zukunft war allgemein verbreitet und wurde angespornt von der Gewißheit des Fortschritts, der als grundlegendes historisches Gesetz erschien.«[7]

Die jüngere Geschichte hat diese schöne Vorfreude abkühlen lassen. Zwei Jahrhunderte »Fortschritt« mündeten in zwei Weltkriegen, in den größten Massenmorden aller Zeiten, in despotischen Regimes einer nie zuvor erlebten Brutalität, während der Mensch nebenbei durch seine »friedliche« wirtschaftliche Aktivität die Erde schlimmer verwüstete, als der Gebrauch von Waffen es in der Vergangenheit je vermocht hatte. Die Ressourcen, die man für unerschöpflich hielt, haben sich in tragischer Weise als beschränkt erwiesen. Die Produktionskräfte sind zugleich die Kräfte der Zerstörung, auch daran kann kein Zweifel mehr bestehen. Die Krise der Ideologien, das Ende des Geschichtsbewußtseins, die allgemeine Erosion von Gewißheiten, die früher die Institutionen oder der Staatsapparat glaubwürdig verkörperten, haben ein übriges besorgt.

Wer glaubt heute noch an »Fortschritt«, also an eine Zukunft, die aller Voraussicht nach unweigerlich besser wird? Anscheinend nicht mehr allzu viele. Am 11. März 1993 widmete sich *Le Nouvel Observateur* dem Schwerpunktthema: »Kann man noch an den Fortschritt glauben?« Wer diese Frage stellt, hat sie schon beantwortet. Der Soziologe Jean Viard erklärte die Fortschrittsidee bereits in den neunziger Jahren für »intellektuell tot«.[8] Edgar Morin behauptet, man müsse inzwischen »jede historische Gesetzmäßigkeit, jeden Glauben an die Vorsehung aufgeben und den verhängnisvollen Glauben an das irdische Heil ausmerzen«.[9] Und Alexander Solschenizyn erkannte in seiner Rede an der Internationalen Akademie für Philosophie im Fürstentum Liechtenstein vom 14. September 1993 ebenfalls, daß »es keinen grenzenlosen Fortschritt in der begrenzten Umwelt der Erde geben« kann: »Wir sind alle dabei, die uns überlassene Natur erfolgreich aufzuzehren«, mahnte er an und stellte darüber hinaus fest: »Immer mehr Komfort, doch eine stetig sinkende geistige Entwicklung beim Durchschnitt.« Als einziger Ausweg, so Solschenizyn, bleibe die Selbstbeschränkung. Nur dadurch lasse die Menschheit sich von einer blinden Flucht nach vorne abbringen, die ihr weder erlaube, ihrer Aktivität einen Sinn zu verleihen, noch den Zweck ihres Daseins zu begreifen.[10]

Mit einem Mal kehren sich die Pole um. Auf der Zukunft ruhen keine Hoffnungen mehr, sondern Unsicherheiten aller Art: In der »Risikogesellschaft« (Ulrich Beck) tritt die Angst vor künftigen Katastrophen an die Stelle der Vorfreude auf die paradiesischen Tage, die da kommen werden. Es entsteht ein neues Prinzip der Verantwortung, wie es der Philosoph Hans Jonas umrissen hat. Seine Absage an das Baconsche Programm der Moderne, das darauf abzielt, unaufhörlich in allen Bereichen die Grenzen der menschlichen Gestaltungsmacht zu erweitern, stellt zugleich die »selbstmörderische« Dynamik eines Wachstums in Frage, dessen einziger Zweck in der Ausschöpfung der Möglichkeiten des Markts besteht. Statt dessen artikuliert Jonas auf der Basis eines von Heidegger, Rudolf Bultmann und Hannah Arendt beeinflußten Gedankenguts die »Sorge um die zukünftigen Generationen« und formuliert Kants kategorischen Imperativ um: »Handle so, daß die Wirkungen deiner Handlung verträglich sind mit der Permanenz echten menschlichen Lebens auf Erden«.[11] Die Verantwortung bezieht sich demnach nicht mehr nur auf die gegenwärtige Handlung, sondern auf deren langfristige Konsequenzen. Sie gilt nicht allein für Schäden, die benennbaren Dritten zugefügt werden, sondern auch für solche, die zukünftige Generationen in nicht wiedergutzumachender Weise betreffen könnten. Dieser Verantwortungsbegriff beinhaltet ein Prinzip der Vorsicht, das an die aristotelische Phronesis erinnert und im Gegensatz zur Hybris oder Maßlosigkeit steht: weil nämlich »die in der Gefahr neuentdeckte Schicksalsgemeinschaft von Mensch und Natur uns auch die selbsteigene Würde der Natur wiederentdekken läßt und uns über das Utilitaristische hinaus ihre Interessen bewahren heißt«.[12] Ganz offensichtlich ist die Fortschrittsideologie tatsächlich tot.

Ebenfalls erwähnenswert ist ein zweiter Aspekt der Debatten um die Ökologie: Genauso wie viele andere wichtige Debatten der letzten

Jahre ziehen sie sich durch sämtliche politischen Strömungen und lassen die Unterscheidung zwischen Rechts und Links in vieler Hinsicht vollkommen obsolet werden. Nicht nur umfaßt die politische Umweltbewegung, wie sie die in verschiedenen Ländern entstandenen »grünen« Parteien vertreten, eine breite Vielfalt von Positionen – noch bezeichnender ist, daß die erklärten Gegner der Ökologie heutzutage aus den gegensätzlichsten politischen Ecken stammen.

Aus Sicht der reaktionären Rechten sind Umweltethiker im günstigsten Fall »verwässerte Linke«[13], im schlimmsten Fall »Agenten der Subversion«, Anhänger des »Sozialismus minus Stromversorgung«. Weil sie die Aufmerksamkeit auf die Zerstörung des Planeten lenken, müssen sie sich als »Globalisierer« beschimpfen lassen. Aufgrund ihrer Kritik an der Ideologie der technischen Herrschaft und des zerstörerischen Prometheus-Wahns werden sie egalitaristischer und pazifistischer Tendenzen bezichtigt. In Anknüpfung an Rousseau sowie an den Mai 1968 bekenne die Umweltbewegung sich zu einer neuen Form des revolutionären Sozialismus, in der dem Problem der Umweltverschmutzung jene Rolle zukommt, die früher die Verarmung und Ausbeutung der Arbeiterklasse spielte. So gehört es in diesen Kreisen zum guten Ton, sie mit der Wassermelonen-Metapher zu beschreiben: »außen grün, innen rot«.[14]

Von liberaler Seite wiederum wird Umweltethikern vorgeworfen, sie seien »Malthusianer«,[15] Feinde der Wissenschaft wie der Marktwirtschaft und blind gegenüber den Errungenschaften des Freihandels. Man dichtet ihnen ein »konstruktivistisches« Ideal sowie ein völlig unrealistisches Wirtschaftsverständnis an.[16] Alain Laurent hat dafür die Wendung von den »mystischen Sackgassen der Ökolatrie« geprägt.

Freilich löst der Umweltschutz auch bei der Linken Irritationen aus. Während der Rechten die Liebe zum Planeten Erde als neuartige Form des »Kosmopolitismus« verdächtig ist, fürchtet die Linke, sie könne in eine Liebe zum Boden oder zur Heimat ausarten. In solcher Kritik darf der Verweis auf die Maxime des Vichy-Regimes nicht fehlen, der zufolge »die Erde nicht lügt«, und manche Autoren kaprizieren sich darauf, »Ökolo-Petainisten« oder gar »*verts de gris*« zu entlarven.[17]

Die Verfechter der Aufklärungsideologie werfen Umweltethikern vor, sie wollten den Menschen in den Naturzustand zurückführen. Darin sehen sie den Beweis für einen suspekten »Irrationalismus« und »Antihumanismus«. Die alte Linke, die seit jeher dem Produktivismus anhängt, hält sie für ewiggestrige Konservative, Fortschrittsverweigerer, die wie einst die Romantiker einen »Kult des Waldes« betreiben und den »bäuerlichen« Werten einer untergegangenen Welt nachtrauern.[18]

Diese untereinander einigermaßen widersprüchlichen Kritiken sind bezeichnend. Wenn die Umweltethiker für große Teile der Linken »zu rechts« und für große Teile der Rechten »zu links« sind, stehen die Aussichten schon deswegen recht gut, daß sie sich auf dem richtigen Weg befinden. Fest steht jedenfalls, daß innerhalb der Umweltbewegung Themen aus politisch-ideologischen Lagern vertreten sind, die einander bislang allzuoft politisch bekämpften. Die Umweltschutzbewegung steht zum Beispiel einerseits für eine zeitgenössische Form des »Kulturpessimismus«, historisch gesehen eher eine rechte Erscheinung als Reaktion auf die Fortschrittsideologie. Andererseits richtet sich dieser Kulturpessimismus zuvorderst gegen das Axiom des Eigennutzes und die Obsession der quantifizierbaren Leistung, gegen die Flucht nach vorne einer atomisierten Wettbewerbsgesellschaft – alles Kritikpunkte, die wiederum einen linken Ansatz vermuten lassen.

Tatsächlich ist die Umweltbewegung eindeutig konservativ insofern, als sie Lebensqualität, organische Gemeinschaft, traditionelle Lebensgrundlagen, die Vielfalt der Arten wie der Kulturen zu bewahren sucht, und revolutionär insofern, als sie den radikalen Bruch mit der produktivistischen Ideologie fordert, auf der weltweit die Logik des Kapitals und des Markts gründet. Eben deswegen sieht Luc Ferry in ihr den privilegierten Ort einer de-facto-Allianz zwischen »anti-« und »postmodernen Kräften«. Hier, so Ferry, träfen sich die gemeinsamen Anliegen des »romantisch-konterrevolutionären Neokonservatismus« und einer »radikalen Linken, die sich an den Außenrändern des klassischen politischen Systems verortet«.

Dieses Bündnis zwischen rechten und linken Kräften zeigt sich in aller Deutlichkeit an den deutschen Grünen, deren »alternative«

Ausrichtung auf einer spezifischen Synthese zwischen neuen und existentiellen Werten beruht. Darunter findet sich eine bestimmte Art von spontaner Kreativität ebenso wie eine Kritik der funktionellen Vernunft, eine Apologie von Autonomie, Selbstverwirklichung, körperlicher Authentizität und Gemeinschaftsgeist. In Deutschland konnte im Windschatten grün-»alternativer« Lebensentwürfe in gewisser Hinsicht auch eine Rückbesinnung auf Fragen der Identität stattfinden, der zuvor das Tabu des Nationalgefühls im Wege gestanden hatte. Und zwar geschah dies im Zeichen eines neutralistischen Pazifismus oder auch eines libertären Regionalismus. Bezeichnend für solche Haltungen sind die von Rudolf Bahro verwendeten Begriffe »Wertkonservatismus« und »Lebenskonservatismus«[19] ebenso wie die Sätze des Linkskatholiken Carl Amery, Edmund Burkes Definition des Konservatismus als Partnerschaft zwischen Toten, Lebenden und noch Ungeborenen sei der einzige, wenn auch wesentliche Gedanke, den eine linke Verantwortungsethik vom Konservatismus übernehmen solle.[20] Derartige Weltsichten machen wohlverstanden nur einen – durchaus nicht unumstrittenen – Bruchteil des Spektrums von unterschiedlichen Tendenzen innerhalb der alternativen Bewegung in Deutschland aus. Sie sind jedoch bedeutend genug, um Thomas Keller in seinem kenntnisreichen Werk über die Grünen zu dem Schluß kommen zu lassen, »die Mission der Grünen besteht darin, eine konservative Ethik gegen die sozialdemokratischen und christdemokratischen Modernisierer zu verteidigen«.[21]

Selbstverständlich ist die Umweltbewegung keineswegs über jede Kritik erhaben. Nicht zuletzt weist sie einige charakteristische Züge auf, die auch die Arbeiterbewegung in ihren Anfängen kennzeichneten: Naivität, eine Neigung zu voreiliger Panikmache, einen Mangel an theoretischer Reflexion, Bruchlinien zwischen »Reformern« und »Radikalen« usw. Ökologische Bewegungen müssen sich auch die Gefahren vergegenwärtigen, die in den Versuchungen der Politik, des persönlichen Machtstrebens und der Vereinnahmungsversuche liegen. Und keinesfalls dürfen sie die Risiken der Entwicklung eines »grünen Kapitalismus« unterschätzen, der bemüht ist, ökologische Anliegen in die dominante Produktionsweise zu integrieren, ohne diese in irgendeiner Weise in Frage zu stellen.

Dennoch bleibt die Feststellung, daß die Umweltbewegung in der heutigen Welt eine radikale Neuerung darstellt, deren Tragweite man nicht unterschätzen sollte. Nicht zu Unrecht sieht Jacques Julliard »in der Ökologie die letzte Form der Gesellschaftskritik in einer Gesellschaft, die davon Abstand genommen hat, sich selber zu kritisieren«.[22] In einer Welt, aus der das kritische Denken verschwunden scheint, wo der um sich greifende Konsens Positionen »neutralisiert«, die früher in einem antagonistischen Verhältnis zueinander standen, muß man der politischen Umweltbewegung allemal eins zugestehen: Sie alleine weigert sich, die Gesellschaft, in der wir leben, als die am wenigsten schlechte aller möglichen Welten hinzunehmen, und wartet zumindest mit der Skizze für einen Gesellschaftsentwurf auf, der mit »dem gegenwärtig den Planeten dominierenden kapitalistischen Vorstellungsvermögen bricht«.[23]

Anstelle der Kluft zwischen Rechten und Linken zieht die Ökologie eine Trennlinie zwischen Produktivismus und Anti-Produktivismus, zwischen der Quantität der produzierten Güter und der Lebensqualität, zwischen dem Glück als schnellstmöglicher Anhäufung möglichst vieler materieller Besitztümer und der Erfüllung durch Selbstverwirklichung und -vervollkommnung. Es ist der alte Gegensatz zwischen Sein und Haben – zwischen dem rechten Maß und dem »Immer mehr«. Der Ökologie liegt eine fundamentale Kritik der Vorstellung zugrunde, daß die Wirtschaft der Schlüssel zu unserem Schicksal, der Sinn und Zweck unserer Existenz sei. Wir leben jedoch in einer Epoche, die der Wirtschaft vollkommene Autonomie zugesteht. Sie ist vom Politischen emanzipiert und dem Sozialen gegenüber gleichgültig und darf sich im Spiel der Finanz- und Börsenströme, im Wettbewerb auf den freien Märkten, in den globalisierten Handels- und Geschäftsbeziehungen entfesseln. Die Ökonomie ist zu einem Selbstzweck geworden, und der freien Verbreitung der Waren über den ganzen Planeten steht nichts mehr im Wege. Produktion ist längst kein Mittel mehr, um die Bedürfnisse des Menschen zu befriedigen, sondern vielmehr schlicht eine Technik zur Kapitalvermehrung. Möglich wird dies dank des Überflusses, zu dessen Konsum der Mensch verpflichtet wird, indem man ihn einerseits den Erfordernissen der Lohnarbeit, andererseits denjenigen künstlich geschaffener »Bedürfnisse« unterwirft, die sich ständig erneuern lassen. »Der Kapitalismus«, so André Golz, »hat alles beseitigt, was in der Tradition, in der Lebensart, in der Alltagszivilisation als Verankerung in einer gemeinsamen Norm des Genügenden zu dienen vermochte, und gleichzeitig hat er die Sichtweise abgeschafft, daß die Entscheidung, weniger zu arbeiten und weniger zu konsumieren, ein besseres und freieres Leben ermöglichen könnte.«[24] Angesichts dieses Imperialismus der ökonomischen Vernunft, angesichts der globalen Entfesselung technischer Rationalität, angesichts einer Forschung und Technologie, die alles, was mittlerweile *möglich* ist, automatisch für *notwendig* hält – angesichts all dessen kommt der politischen Ökologie das ungeheure Verdienst zu, mit den systeminternen Forderungen zu brechen, die Zukunft der Lohnarbeit in einer Welt zu hinterfragen, in der immer mehr Dinge von immer weniger Menschen produziert werden, die katastrophalen Auswirkungen wirtschaftlicher Produktivität auf die natürliche Umwelt und das menschliche Leben anzuprangern. Mit anderen Worten, sie verweigert sich dem zentralen Motiv der Profitideologie, »dem zufolge unsere Bestimmung darin liegt, unermüdlich die Produktion und den Verbrauch zu steigern«.[25]

Eine Umweltethik, die diesen Namen verdient, widerspricht deshalb den wesentlichen Grundsätzen, auf denen sämtliche Regierungsformen aufbauen, unter denen die westlichen Gesellschaften in den letzten zweihundert Jahren gelebt haben. Wenn kapitalistische, kommunistische und faschistische Gesellschaften – allesamt Töchter derselben Moderne – eins gemeinsam haben, ist es die Wachstumsideologie. Eben deswegen sagt Dominique Bourg in bezug auf die Ökologie, »eine radikalere Kritik wurde nie zuvor formuliert«.[26] Weiter erläutert er: »Insofern als sie ein grundlegendes Verständnis gesellschaftlicher Organisationsformen darstellt, läßt sich die politische Ökologie negativ im Gegensatz zu dem definieren, was Louis Dumont als ökonomische Ideologie bezeichnet: nämlich die Vorstellung, der zufolge eine Gesellschaft aus Individuen, die im wesentlichen als Produktivkräfte wahrgenommen werden, auf dem Selbstregulierungsmechanismus des Markts beruht.«[27] Tatsächlich besteht ein grundsätzlicher Widerspruch zwischen dem ständigen Trachten nach wirtschaftlicher Leistung und Innovation auf der Basis des Ertragsprinzips und dem Erhalt oder der bloßen Reproduktion der natürlichen Umwelt. Das liegt ganz einfach daran, daß »die Natur nicht nach den Gesetzen ökonomischer Optimierung funktioniert«[28], während jede beliebige Menge von Waren sich jederzeit multiplizieren läßt. In einem Zeitalter, in dem, so Michel Serres, »ein Staat uns um so schneller vom Ramsch zum Abfall führt, je mehr er wirtschaftlich gedeiht und sich entwickelt«[29], in einem Zeitalter zumal, in dem Wirtschaftswachstum weniger als je zuvor gesellschaftliche Ausgrenzung und Rückschritte zu verhindern vermag, ist es dringend geboten, in der wirtschaftlichen Analyse die Logik des Lebewesens zu berücksichtigen.[30]

Die Ökologie setzt hier bei dem Begriff der *Grenze* an. Dieser wird in mehreren Bedeutungen verwendet. Zuvorderst gibt es natürliche Grenzen, die dynamisch zu bestimmen sind, das heißt unter Berücksichtigung sowohl der nicht erneuerbaren Ressourcen als auch der Rhythmen, in denen erneuerbare Ressourcen ihre Bestände wiederherstellen. Daneben gibt es jedoch gesellschaftliche Grenzen wie zum Beispiel die Verschlimmerung der Arbeitslosigkeit aufgrund der Umstellung auf computergestützte Arbeitsprozesse. Damit verliert der Gedanke einer natürlichen Anpassung, die zu einem Gleichgewicht zwischen Angebot und Nachfrage auf dem Arbeitsmarkt tendiert, seine Gültigkeit. Wo genau diese Grenzen liegen, darüber kann man selbstverständlich streiten: In welchem Maße ist die Ozonschicht durch menschliche Aktivität gefährdet? Ist der tropische Regenwald die wichtigste »Lunge des Planeten« oder nicht? Nähern wir uns unter demographischen Gesichtspunkten bereits dem Sättigungsgrad? Der Grundsatz dahinter indes scheint unumstritten: Wir leben nicht in der Grenzenlosigkeit. Sich vom Produktivismus zu verabschieden, heißt demnach, den Begriff der Grenze ernst zu nehmen, und das wiederum bedeutet, nicht länger *mehr* und *besser*, das Maximale mit dem Optimalen, Quantität mit Qualität gleichzusetzen.

Politisch betrachtet ist es zweifellos kein Zufall, daß die Entstehung der Umweltethik mit der Krise der Nationalstaaten einherging. An die Stelle der veralteten künstlich aufgeblähten und zentralisierten Strukturen[31] tritt eine stärkere Anerkennung regionaler Sprachen und Kulturen, ja sogar lokaler Bräuche und Traditionen, denen man eine Bremswirkung zutraut, mittels deren sich die Entwicklung zur Homogenisierung und Verarmung der Vielfalt verzögern oder anhalten läßt. So plädiert die deutsche Grünen-Politikerin Antje Vollmer für die Förderung lokaler Dialekte als Gegengewicht zur »gleichmacherischen Zivilisation« und sieht die Umweltbewegung in der Tradition der Jugendbewegung und des »religiösen Sozialismus«.[32] Demselben Geist entspringt Carl Amerys Vorschlag zur Gründung eines europäischen Bundesstaats oder Staatenbundes, der aus ungefähr vierzig Regionalstaaten bestehen soll.

Allgemeiner gesprochen haben sich die Umweltbewegungen in den letzten Jahren verstärkt bemüht, über die bloße Kritik des industriellen Modells hinauszugelangen und alternative Lebensweisen zu entwerfen, die sich im Alltag umsetzen lassen. Ihr Ziel ist, dem Zerfasern der gesellschaftlichen Bande entgegenzuwirken, das die Menschen nicht nur ihrer Lebenswelt entfremdet, sondern auch einander fremd werden läßt, und ihnen statt dessen jene »Alltagskultur« zurückzugeben, die André Gorz so treffend definiert hat: »die Gesamtheit des intuitiven Wissens, des in Ivan Illichs Sinne umgangssprachlichen praktischen Wissens, der von selbst kommenden Gewohnheiten, Normen und Verhaltensweisen, aufgrund derer die Menschen ihre Einbindung in die sie umgebende Welt deuten, begreifen und annehmen können«.[33]

In den USA zählen ökologische Anliegen zu den Lieblingsthemen der kommunitaristischen Bewegung, die den Individualismus der von John Rawls formulierten Theorie der Verfahrensgerechtigkeit ablehnt. In anderen Ländern entspringt daraus der Impuls, ein aktives Staatsbürgertum innerhalb neuer öffentlicher Räume zu schaffen, das den Akzent auf die Bedeutung primärer Gemeinschaftlichkeit und konkreter Autonomie legt, auf das »Selber-tätig-Werden« in Form von Selbstbestimmung, Selbstverwaltung usw. als bevorzugten Weg zur Selbstverwirklichung.[34] Aus ökologischem Engagement bilden sich Bürgerinitiativen, es fördert eine partizipative Basisdemokratie (»*Think globally, act locally!*«) im Gegensatz zum klassischen Repräsentationsmodell.[35] Und schließlich ermutigt es dazu, neue Wege zu beschreiten und auszuprobieren, etwa den der Arbeitsteilung oder des Grundeinkommens, die ihrerseits offensichtlich über die politischen Klüfte hinweg diskutiert werden, an deren Existenz wir uns bislang gewöhnt hatten.[36]

Als dritter und letzter Punkt soll hier auf das neue Weltbild eingegangen werden, das uns die Ökologie erschließt. Ihr ist es überdies zu verdanken, daß wir unsere eigene Rolle im Verhältnis zur Gesamtheit des Kosmos auf eine neue Weise wahrnehmen. Um dies zu vergegenwärtigen, muß man die Geschichte erneut um mehrere Jahrhunderte zurückspulen.

Im Mittelalter war noch der aus der Antike ererbte Gedanke einer menschlichen Gesellschaft lebendig, die »von oben« geplant sei. Allerdings wurde der Kosmos nun mit dem göttlichen Intellekt in Verbindung gebracht. Der Mensch verstand sich somit als Mikrokosmos innerhalb eines Makrokosmos, wobei beide im Verhältnis einer analogen Entsprechung zueinander standen: Der *telos* der menschlichen Gesellschaft bestand darin, die Harmonie der Welt widerzuspiegeln. Die Renaissance setzte an die Stelle dieses lebendigen Kosmos ein Modell des Universums-als-Maschine. Die »natürliche Ordnung« glich nun einem Getriebe aus ineinandergreifenden Zahnrädern, einem »Uhrwerk«, das bekanntlich bald keinen »Uhrmacher« mehr brauchen sollte. 1637 stellt Descartes den Kosmos in seiner *Abhandlung über die Methode des richtigen Vernunftgebrauchs und der wissenschaftlichen Wahrheitsforschung* als riesiges mathematisches System sich bewegender Materie dar und legte damit den Grundstein zu einem rein mechanischen Weltbild. Der kartesianische Dualismus, der den Körper vom Geist trennte, führte zudem dazu, daß der Geist nicht länger als Teil der Weltordnung begriffen wurde. Schließlich distanziert Descartes den Menschen von Gott (wie Pascal und nach ihm Sainte-Beuve richtig erkannt haben), reduziert die Ethik auf schlichte Anstandsregeln und entleert zugleich die Frage nach dem Sinn des Lebens ihres Gehalts. Die Natur wird somit reine *res extensa*, Rohmaterial, gleichförmiges

Feld und bloßes Vorratslager, das der Mensch nach Belieben ausbeuten, manipulieren und instrumentalisieren kann. Um Francis Bacons Wendung aufzugreifen, wird die Formel *ex analogia hominis* durch die Formel *ex analogia universi* ersetzt. Mit Descartes und Bacon beginnt das Zeitalter »der Naturphilosophie, die die Grundlage der Technologie und der industriellen Praktiken bildet. Damit begann das Zeitalter eines neuen Denkens, dasjenige des einsamen Denkers, der an die Stelle des Gesprächspartners tritt, der der Mensch zuvor war.«[37]

Indem er den Dualismus zwischen Geist und Materie hervorhebt, ebnet Descartes den Weg für einen wirklichkeitsfernen Spiritualismus und einen gewissenlosen Materialismus. Seine Lehre fördert die Vorstellung von einer wie durch mechanische Vorgänge geschaffenen Welt, die der menschlichen Erkenntnis allein über den Verstand zugänglich ist und einzig dem Zweck dient, dem Menschen nützlich zu sein. Diese Absage an jedwede organizistische Weltsicht beschleunigte den von Max Weber beschriebenen Prozeß der »Entzauberung der Welt«. Fühlte sich der Mensch einst bewogen, nach Harmonie mit dem zu streben, was er für die allgemeine Ordnung des Universums hielt, sah er sich nun schlicht aufgefordert, sich eines Wissensschatzes zu bedienen, um immer mehr Kontrolle über die Dinge zu erlangen. Dabei fragte er nicht einmal mehr nach dem Zweck solcher Kontrolle. Die Welt ist vorherbestimmt und daher vorhersehbar. Die Seele wird mehr als je zuvor ein Vorrecht des Menschen, in dem sie sich verinnerlicht, während Tiere nur noch »Automaten« sind. So entwickelt sich der *Humanismus* im heutigen Wortsinn. Der Mensch wird zu einem Subjekt, das sich zum souveränen Herrscher über eine zum Objekt gewandelte Welt erhebt, und erhält somit eine »Freiheit«, die ihn zum Maß aller Dinge, zum Urheber jeder Norm macht. Diese Entwicklung, die eine neue Form von Menschheit in die Welt bringt, kommt einer Verwandlung des Wesens der Wirklichkeit gleich. »Bis zu Descartes galt als ›Subjekt‹ jedes für sich vorhandene Ding; jetzt aber wird das Ich zum ausgezeichneten Subjekt, zu demjenigen, mit Bezug auf welches die übrigen Dinge erst als solche sich bestimmen«, erläutert Heidegger.[38] Die Technik, die ursprünglich als ein Einvernehmen mit der Natur begriffen wurde, versteht sich nun als bevorzugter Vektor einer unbegrenzten Macht. In einer Welt, die jeglichen Sinns und jeglichen Werts entkleidet wurde und nur noch als Energie- und Rohstofflager dient, kann der Mensch sich als souveräner Nutzer einer Natur aufspielen, die er nur noch als Mittel für seine eigenen Zwecke wahrnimmt. Diese Natur hält er für voll und ganz erklärbar und somit erschließbar. Mit anderen Worten, der Mensch glaubt sich die Welt nun mittels seiner Ratio aneignen und dem Axiom des Eigennutzes, dem Vernunftprinzip, der Kosten-Nutzen-Rechnung, den Erfordernissen von Leistung und Ertrag unterwerfen zu können.

Die Entstehung dieses mechanistischen Naturverständnisses geht Hand in Hand mit der »objektiv«-monetären Bewertung und der Reduzierung des Werts einer Sache auf ihren Marktpreis, die den Kern des marktkapitalistischen Weltbildes ausmacht. Doch der kartesianische Dualismus zwischen Körper und Seele führt auch dazu, jegliche Vorstellung von einer menschlichen »Natur« auszumerzen, mündet sie doch in die Idee, der menschliche Geist gleiche bei seiner Geburt einer *tabula rasa*, einer noch unbeschriebenen Tafel.

Diese Sicht der Dinge sollte sich bald eine Anzahl von Wissenschaftlern und Theoretiker zu eigen machen. Im 17. Jahrhundert nahm Francis Bacon sich vor, »die Macht und die Herrschaft der menschlichen Rasse über das Universum« zu begründen, und malte sich gar in seiner *Nova Atlantis* (1624) aus, wie ein »wissenschaftlicher Klerus« dafür sorgen könne, daß sämtliche menschlichen Aktivitäten dem Prinzip der Vernunft unterlagen. Mit Galilei beginnt die Herrschaft der Mathematik über die Naturwissenschaften, denn von nun an glaubte man, allein mit quantitativen Aussagen die uns umgebende Wirklichkeit beschreiben zu können. Im 18. Jahrhundert schrieb Kant nur jenen Lebewesen einen Selbstzweck zu, die ihre Freiheit auf ihrem autonomen Willen begründen könnten. Die Natur und die Tiere, auf die diese Bedingung nicht zutrifft, werden damit nur noch als Dinge und als Mittel wahrgenommen. »Die Wesen, deren Dasein zwar nicht auf unserem Willen, sondern der Natur beruht, haben dennoch, wenn sie vernunftlose Wesen sind, nur einen relativen Wert, als Mittel, und heißen daher Sachen«.[39] Ähnlich deutete Fichte die Welt lediglich als

Betätigungsfeld für den Menschen. Wie Max Horkheimer zu Recht festgestellt hat, »ist die Beziehung zwischen dem Ich und der Natur eine der Tyrannei. Das gesamte Universum wird ein Werkzeug des Ichs, obgleich das Ich keine Substanz oder Bedeutung außer in seiner eigenen unbeschränkten Tätigkeit hat«.[40]

Die Apologetik des Produktivismus, die aus dieser Weltsicht folgt und die sich bei sämtlichen liberalen Denkern des 18. und 19. Jahrhunderts wiederfindet, durchzieht auch Marx' Werk. Genausowenig wie Adam Smith kann sich Marx gesellschaftliche Institutionen ohne produktive Aktivität vorstellen, die er als Verwandlung von Materie in Wert begreift. Das Mittel dieser Verwandlung ist die Arbeit. Durch sie transformiert der Mensch nicht nur die »Natur außer ihm«, sondern »zugleich seine eigne Natur. Er weckt die in ihr schlummernden Potenzen«.[41] Im Gedanken der produktiven Arbeit läßt sich also die gesamte Sozialisierung der menschlichen Fähigkeiten zusammenfassen. Daraus folgt, daß Produktion als solche gut ist und ihr Fortschritt automatisch eine Verbesserung der allgemeinen Lebensbedingungen der Menschheit nach sich zieht. Zwar spielt sie sich heute vor dem Horizont des Kapitalismus ab, doch steht vollkommen außer Zweifel, daß dieser lediglich Wegbereiter für den Kommunismus ist. So schreibt Ted Benton, »aufgrund seiner geschichtlichen Rolle als Fortschrittsmotor beschleunigt der Kapitalismus die Entwicklung der Produktionskräfte bis zu jenem Punkt, an dem der Übergang in ein Zeitalter der Freiheit und des Überflusses reell möglich [wird]. Die moderne industrielle Produktion, wie sie die kapitalistischen Wirtschaftsbeziehungen hervorgebracht haben, ist eine Voraussetzung für die zukünftige kommunistische Gesellschaft.«[42] Genauso sah es Marx: »Die Entwicklung der Produktivkräfte ist die historische Aufgabe und Berechtigung des Kapitals. Eben damit schafft es unbewusst die materiellen Bedingungen einer höheren Produktionsform.«[43] Marx meinte also, der Produktivismus sei von seinem Wesen her neutral und die Entfremdung, die er verursacht, ausschließlich einer bestimmten Produktionsweise geschuldet. Eine Beschleunigung der Produktion soll die zur Entstehung der klassenlosen Gesellschaft notwendigen »Widersprüche« erzeugen.

Arbeit versteht er lediglich als Prozeß der Transformation – nicht etwa Verarmung – der Natur. Vom Kapitalismus, den er gleichzeitig bewundert und anprangert, übernimmt er die überhebliche Mißachtung der negativen »externen Kosten«. Weil er der Ausweitung des Kapitalismus nur systemimmanente Grenzen gesetzt sieht, fehlt ihm jedweder Begriff von einer naturgegebenen Knappheit, die in seiner Theorie vom Wert der Arbeit von vornherein ausgeklammert bleibt.[44]

Seither ist die Erde stets als ein unbelebtes, nach Belieben ausbeutbares physisches Objekt behandelt worden. »Beherrschung und Besitz«, schreibt Michel Serres, »so lautet die von Descartes ausgegebene Parole, in der Morgendämmerung des wissenschaftlich-technischen Zeitalters, just als sich unsere westliche Vernunft anschickte, das Universum zu erobern. Wir herrschen darüber und nehmen es in Besitz: die Philosophie der Unterwerfung, die dem industriellen Unterfangen und der sogenannten objektiven Wissenschaft gemein ist, die sich in dieser Hinsicht nicht unterscheiden lassen.«[45] An anderer Stelle heißt es: »Wir haben die Welt verloren: Wir haben die Dinge in Fetische oder in Waren umgewandelt [...] Wir müssen den von der Philosophie Descartes' vorgegebenen Kurs wechseln.«[46]

Genau diese Wende will die Umweltschutzbewegung gegenwärtig einleiten, indem sie sich um eine Rückbindung des Menschen an die Natur und um eine Antwort auf den aus dieser Trennung resultierenden Sinnverlust bemüht. Wenn sie gegen den Anthropozentrismus ankämpft, der dem Menschen nur insofern einen höheren Wert beimißt, indem er der Natur jeglichen Eigenwert abspricht, versucht sie auf einen solchen Kurswechsel hinzuwirken.

Damit kann die Ökologie an eine allgemeine Bewegung in der Wissenschaft anknüpfen, die uns seit der kopernikanischen und der darwinistischen Wende gelehrt hat, daß die Erde ein Planet unter anderen und die menschliche Gattung das letzte Glied in einer langen Vererbungskette von Lebewesen ist. In gewisser Hinsicht stellt sie jedoch auch eine Rückbesinnung auf eine Vorstellung dar, die sich die traditionellen Gesellschaften seit jeher von der Welt machen. Zu Unrecht werden solche Gesellschaften als »geschlossen« bezeichnet, während sie sich doch im Gegenteil der Gesamtheit des Kosmos öffnen und eben deswegen imstande sind, sämtliche Bestandteile des sozialen Gefüges zu integrieren. Dagegen verschließen sich die von Karl Popper als »offen« bezeichneten Gesellschaften der Moderne in Wirklichkeit jeglicher kosmischen Perspektive und erzeugen in ihrem Inneren vielfältige Ausschlußmechanismen. Die Worte des indianischen DuwamishHäuptlings an US-Präsident Franklin Pierce aus dem Jahr 1855 sind Zeugnis und Ausdruck eines solchen Weltbilds: »Wir sind Teil der Erde, und sie ist Teil von uns. Nicht der Mensch ist es, der das Gewebe des Lebens geschaffen hat, er ist darin nur ein Faden. Was Ihr dem Gewebe tut, tut ihr euch selber.« Oder auch diese Sätze eines Häuptlings des Wanapum-Stamms, der im gleichen Zeitraum erklärt, warum sein Volk eine allzu intensive Ausbeutung der Erde ablehnt: »Würde ich ein Messer nehmen und es meiner Mutter in den Leib stoßen? Aber wer wird mich dann in ihren Leib zurücknehmen, wenn ich einmal tot bin?«

Daß der Kosmos ein harmonisches Ganzes bildet, daß dieses Ganze beseelt und belebt ist, daß der Mensch daran teilhat, auch wenn er einen besonderen Rang einnimmt, dergestalt daß er sich in seinem Wesenskern um so vollständiger verwirklicht, je mehr er im Einklang mit der Welt lebt – dieser Gedanke ist Descartes und seinen Nachfolgern zum Trotz stets Teil der europäischen Kultur gewesen und geblieben.

Im 2. Jahrhundert unserer Zeitrechnung schrieb Marc Aurelius bereits: »Alle Dinge verflechten sich miteinander, und die Verbindung ist heilig und kein Ding ist sozusagen dem anderen fremd. Denn es ist eingeordnet in eine Weltordnung und trägt bei zur Gestaltung dieser Ordnung. Es ist ja ein Kosmos aus allem und ein Gott durch alles und eine Substanz und ein Gesetz, nämlich die gemeinsame Vernunft aller geistigen Lebewesen, und eine Wahrheit, wenn es doch eine Vollkommenheit der verwandten und am selben *logos* teilhabenden Lebewesen gibt.« Im darauffolgenden Jahrhundert erklärte Plotin die »Seele des Alls« zum Vermittler zwischen der erfahrbaren und der göttlichen Welt. Indem er die platonische Vorstellung aufgreift, der zufolge die Seele den Körper enthält und nicht umgekehrt, definiert Plotin diese »Allseele« als dasjenige, mittels dessen alles unterschieden werden kann, ohne getrennt zu werden: Man habe sie sich vorzustellen, »etwa wie ein Radius vom Centrum ausgeht. Hierher gekommen schaut sie aber mit dem Theile, mit dem sie auch die Natur des Ganzen behauptet. Denn selbst hier ist sie nicht nur getheilt, sondern auch ungetheilt; denn was an ihr getheilt wird, das wird auf ungetheilte Weise getheilt. Wenn sie sich nämlich in den ganzen Körper hineingegeben hat, ist sie, nicht getheilt sofern sie sich ganz in einen ganzen hineingegeben, getheilt sofern sie in jedem Theile gegenwärtig ist.«[47]

Derselbe Gedanke findet sich bei Paracelsus, wenn er sagt: »Das Universum ist eins. [...] Es ist ein riesiger Organismus, in dem die natürlichen Dinge miteinander harmonieren und sympathisieren.« Er durchzieht auch Pascals Lebenswerk, die 1670 postum veröffentlichten *Pensées*: »Da alle Dinge Verursachte und Verursacher, Geholfene und Helfer, mittelbar und unmittelbar sind und alle einander unterstützen durch eine natürliche und empfindungslose Verbindung, die aber die am weitesten voneinander entfernten und am stärksten voneinander verschiedenen Dinge verbindet, halte ich es für unmöglich, von den Teilen Kenntnis zu haben ohne Kenntnis des Ganzen. Genausowenig ist es möglich, das Ganze zu kennen ohne Kenntnis von den Teilen.« Später verstand Goethe die Natur als »lebendige Organisation«. Bei Novalis heißt es: »Menschen, Thiere, Pflanzen, Steine und Gestirne, Flammen, Töne, Farben müssen hinten zusammen wie Eine Familie« handeln.« Laut Adam Müller bilden sämtliche Lebewesen einen einzigen großen Organismus. Ähnliche Überlegungen finden sich nicht nur bei den Vertretern der Naturphilosophie wie Schelling oder Franz von Baader, bei den Romantikern oder auch bei den Anhängern einer christlichen Esoterik von Jacob Böhme bis Oetinger, sondern genauso bei William Blake, Friedrich Nietzsche, Albert Schweitzer oder Martin Buber.

Und von D. H. Lawrence, dem Verfasser der *Gefiederten Schlange* und von *Lady Chatterleys Liebhaber*, stammen die folgenden bemerkenswerten Zeilen: »Wir und der Kosmos sind eins. Der Kosmos ist ein ausgedehnter, lebendiger Körper, von dem wir noch immer Teile sind. Die Sonne ist ein großes Herz, das noch in unseren kleinsten Adern pulsiert. Der Mond ist ein großes, leuchtendes Nervengeflecht, das uns auf ewig erschauern läßt. [...] Das alles ist *buchstäblich* wahr, und die Menschen der großen Vergangenheit wußten das, und die Menschen werden das Wissen wiedererlangen. [...] Das Christentum und unsere vorbildliche Zivilisation waren eine einzige lange Ausflucht. Das hat zu endloser Lüge und Bedürftigkeit geführt. Bedürftigkeit, wie sie die Menschen heutzutage kennen, keine physische Bedürftigkeit, sondern eine weitaus schlimmere Bedürftigkeit an *Lebenskraft*. Besser ein Mangel an Brot als ein Mangel an Leben. Eine lange Ausflucht, deren einzige Frucht die Maschine ist! Wir haben den Kosmos verloren. Die Sonne stärkt uns nicht mehr, noch tut es der Mond. In mystischer Sprache: der Mond ist für uns schwarz geworden, und die Sonne ein Sackleinen. [...] Den Kosmos traf der Bannfluch der Christen, obwohl die frühe Katholische Kirche ihn nach dem Zusammenbruch des Mittelalters wieder teilweise rehabilitiert hatte. Dann traf den Kosmos nach der Reformation erneut der Bannfluch der Protestanten. Sie ersetzten ihn durch das leblose Universum der Zwänge und der mechanischen Ordnung. Alles andere wurde zur Abstraktion, und der lange, langsame Tod der Menschheit setzte ein. Dieser langsame Tod brachte die Wissenschaft und die Maschinen hervor, beides sind nichts als tote Schöpfungen. [...] Was wir wollen, ist, unsere falschen, unorganischen Bindungen zu zerstören, besonders die zum Geld, und die lebendigen, organischen Bindungen wiederherzustellen, mit dem Kosmos, mit Sonne und Erde, mit Menschheit, Volk und Familie. Beginnen wir mit der Sonne, und der Rest wird langsam, langsam folgen.«[48]

Solche Sätze mögen allzu philosophisch oder literarisch anmuten. Indes findet seit mehreren Jahrzehnten auch in der Wissenschaft selber eine Entwicklung statt. Die von James Lovelock formulierte »Gaia-Hypothese« versteht die Erde als selbstregulierenden Organismus, der imstande ist, die Gesundheit unseres Planeten zu erhalten, indem er seine chemische und physische Umwelt kontrolliert.[49] Selbstverständlich wird diese Hypothese ebenso kontrovers diskutiert wie die von Rupert Sheldrake wieder ins Gespräch gebrachte »Seele der Natur«. Letztere geht von einer Theorie der morphogenetischen Felder aus, der zufolge sämtliche selbstregulierenden Systeme unter dem Einfluß ebensolcher formbildender Felder organisiert sind.[50] Dennoch ist die Feststellung nicht übertrieben, daß die – notwendige, aber nur einen Aspekt der Dinge beleuchtende – reduktionistisch-analytische Sichtweise derzeit in vielen Bereichen an Bedeutung verliert gegenüber Weltanschauungen, die sich häufig auf holistische Deutungsmuster berufen, basierend auf Begriffen von Komplexität, Wechselwirkungen und zirkulären Kausalitäten, und die das Universum zumeist unter der Maßgabe einer ständigen Morphogenese begreifen, deren sämtliche Elemente in fester Verbindung miteinander stehen. Daraus ergibt sich ein ähnliches Weltbild, wie wenn man von Ökosystemen ausgeht. Deren Erneuerungsfähigkeit fügt sich in eine Perspektive ein, die einen Bruch sowohl mit dem rein linearen Zeitbegriff als auch mit der radikalen Trennung zwischen Subjekt und Objekt bedeutet. Die heutige Ökologie speist sich aus den systemischen wie den holistischen Lehren der Selbstorganisation.[51]

»Instinktiv weißt du«, so Jean Giono, »daß dich zu trennen sterben heißt.« In seiner erhabensten Ausprägung verfolgt der Umweltschutz ebendieses Ziel einer Wiedervereinigung dessen, was willkürlich getrennt worden ist: Seele und Körper, Geist und Materie, Subjekt und Objekt, die Teile vom Ganzen, der Mensch vom restlichen Universum. Gegen solche überholten Dichotomien setzt die Ökologie die Vorstellung, daß der Mensch sich selber zerstört, wenn er die Natur zerstört. Je mehr er sich dagegen bemüht, die Natur vielmehr als Sinnstifterin zu begreifen, mit der er in einem Verhältnis gegenseitiger Zugehörigkeit verbunden ist, desto besser ist er imstande, sich selber zu erkennen und die ihm eigenen Zwecke und Ziele zu verwirklichen.

*

Freilich wäre es unehrlich, die Sackgassen zu verschweigen, in die die Umweltbewegung sich bisweilen verrennt. Allein die Geschichte des Naturbegriffs zeigt überdies, wie mehrdeutig und mißverständlich dieser ist. Jahrtausendelang hat der Mensch unermüdlich versucht, den Diskurs der Natur zu entziffern, und die Deutungen, die er ihm gegeben hat, waren stets widersprüchlich. Die einen sehen in der Natur ein Vorbild für die menschliche Gesellschaft, die anderen sind der Meinung, den Menschen der Natur anzugleichen, zöge die allerschlimmste Entfremdung nach sich. Tatsächlich kann man die Natur ebensogut als wohlgeordnet, harmonisch und ausgeglichen wahrnehmen wie als bedrohlich, grausam und chaotisch. Die »natürliche Ordnung« hat eine andere Bedeutung je nachdem, ob man darunter Konkurrenz oder Kooperation versteht, und die »Naturgesetze« können als solche nur in einem äußerst eingeschränkten Sinn Gültigkeit beanspruchen, denn der Mensch vermag jederzeit gegen sie zu verstoßen.

Manche reden von »Naturrechten«, als sei die Natur ein Rechtssubjekt, was sie eindeutig nicht ist. Eine solche Argumentation droht in den Panjuridismus zu münden oder sogar – paradoxerweise – in einen Anthropomorphismus, der bei diesem Thema besonders unangebracht ist. Andere wollen den von Descartes ererbten Anthropozentrismus durch eine Art egalitären »Biozentrismus« ersetzen, dem ein Menschenleben letztlich nicht mehr wert ist als das einer Kuh oder einer Blattlaus. Ein solcher Ansatz läuft lediglich darauf hinaus, von einem Extrem ins andere zu verfallen. Zudem neigt ein bestimmter ökologischer »Integrismus« nicht nur allzuoft dazu, in Katastrophenoder apokalyptisches Denken und Alarmismus umzukippen,[52] sondern bestärkt auch die zeitgenössischen Gesellschaften in ihrer Tendenz, Vorstellungen von einer gesunden Lebensweise in den Rang einer Moralvorschrift zu erhöhen.

Einen Dualismus durch einen anderen zu ersetzen, die Natur gegen die Kultur zu setzen oder in der Vernichtung der Menschheit die einzige Alternative zur Zerstörung der Erde zu sehen, wäre ein schwerer Fehler. »Natur« läßt sich niemals ohne die Vermittlung durch eine Kultur wahrnehmen, so daß beide sich sozusagen »unvermischt und ungeschieden« zueinander verhalten. Der Mensch ist ein Lebewesen unter anderen, wenn auch eines mit spezifischen Eigenschaften. Diese geben ihm weder das Recht, sich von der restlichen Welt loszusagen, noch sie als bloßes Objekt in seinem Besitz zu behandeln. Vielmehr sollte er sich gerade deswegen der besonderen Verpflichtungen bewußt sein, die ihm aufgrund seiner herausgehobenen Stellung zukommen. Mit anderen Worten, die

Spezifik des Menschen anzuerkennen, rechtfertigt ebensowenig seine Herrschaft über die Erde, wie andererseits das Bemühen um Schutz und Erhalt der Natur nicht die Verleugnung dessen bedeutet, was einzigartig und unersetzlich am menschlichen Dasein ist.

Zwischen Mensch und Natur lautet die Frage nicht, wer wen beherrschen soll (was darauf hinausliefe, dem kartesianischen Paradigma verhaftet zu bleiben, wenn auch unter umgekehrten Vorzeichen), sondern wie sich das Verhältnis der wechselseitigen Zusammengehörigkeit wiederherstellen und bewahren läßt, das beide aneinander bindet. Dies ist die Aufgabe, mit der sich zeitgenössisches Denken auseinandersetzen muß. Heidegger scheint hierzu mehr als nur eine Spur aufgezeigt zu haben. Er dekonstruierte systematisch den modernen, auf der Metaphysik der Subjektivität und der technischen Entfesselung beruhenden Anthropozentrismus und definierte gleichzeitig den Menschen als »Hirten des Seins«, das heißt als einziges Lebewesen, das Zeugnis abzulegen vermag von der Bedeutung der Dinge, indem er der Welt, in der er lebt, ein Fundament stiftet. Die »Natur«, dieses »wunderbar Allgegenwärtige«, von dem Hölderlin sprach, ist somit kein fester Bestand, den der Mensch lediglich zu hüten hat, sondern vielmehr die *physis* als solche, dieses Wachstum in ständiger Entfaltung, das dem Menschen die Rückkehr zu seinen Entstehungsgründen ermöglicht, sowohl eine Besinnung auf die Gegenwart wie eine Öffnung zur Wirklichkeit (*alètheia*).[53]

Letztlich geht es um die Frage, ob die Erde nur ein »unbelebtes physisches Objekt« ist, wie Alain Laurent behauptet, ob die Natur »stumm« ist, wie Alain Renaut meint,[54] oder ob sie uns nicht im Gegenteil etwas zu sagen, etwas beizubringen hat und gewissermaßen Teil von uns ist. Michel Serres fordert, unser Verhältnis zu den Dingen solle auf »einem von Bewunderung geleiteten Zuhören, auf Gegenseitigkeit, auf Bedachtsamkeit und Achtung« gründen.[55] In einer Welt, deren Mechanisierung nur dazu führt, daß die existentielle Leere um so deutlicher fühlbar wird, in einer zunehmend »entzauberten« Welt geht das friedliche Einvernehmen mit den Dingen einher mit der Liebe zur Schönheit, in der sich auch die Schönheit der Liebe manifestiert.

1 »Die Linken, die den Gedanken verabscheuen, daß die Starken das Recht haben, die Schwachen zu vernichten, glauben gleichzeitig, daß sämtliche Veränderungen, die bis heute stattgefunden haben, gut gewesen seien und in der Zukunft das Gute siegen werde«, merkte Bertrand de Jouvenel an. »Indes sind dies Doktrinen – das Recht des Starken und der Fortschritt –, die eine gemeinsame Wurzel haben« (unveröffentlichte Notiz vom 23. August 1963, *Commentaire*, Sommer 1993, S. 421).

2 Luc Ferry, »Gare à la intégrisme vert«, *L'Express*, 24. September 1992, S. 108.

3 Blandine Barret-Kriegel, »Fenêtre sur l'infini«, *Le Nouvel Observateur*, 11. März 1993, S. 48.

4 Claude Lévi-Strauss, *Strukturale Anthropologie II.* Suhrkamp, Frankfurt/ Main 1992, S. 53f.

5 Claude Lévi-Strauss, *Le Monde*, 21. Januar 1979.

6 Georges Sorel, *Les illusions du progrès*, 5. Auflage, Marcel Rivière, 1947, S. 5f.

7 Edgar Morin, »La nation«, *Libération*, 3./4. Juli 1993, S. 36.

8 Jean Viard, *Libération*, 25. März 1993; *Vendredi*, 14. Mai 1993.

9 Edgar Morin, *Le Monde*, 21. April 1993.

10 »Le discours du Liechtenstein«, *L'Express*, 16. September 1993, S. 94–98. Zum Niedergang des Fortschrittsglaubens in Frankreich vgl. auch Jean-Claude Milner, *L'archéologie d'un échec*. Seuil, Paris 1993. Zur Geschichte des Fortschrittsdenkens und seiner derzeitigen Krise vgl. Robert Nisbet, *Social Change and History. Aspects of Western Theory of Development*, Oxford University Press, New York 1969; Jean-Jacques Salomon, *Prométhée empêtré*, Anthropos 1984; Christopher Lasch, *The True and Only Heaven. Progress and Its Critics*. W. W. Norton, New York 1991; Serge Latouche, »Le progrès comme signification imaginaire sociale fondatrice de l'économie«, Vortrag auf der Tagung zum Thema »L'économie dans la société« (»Die Wirtschaft in der Gesellschaft«), Lausanne, 26. bis 28. Mai 1988.

11 Hans Jonas, *Das Prinzip Verantwortung. Versuch einer Ethik für die technologische Zivilisation*. Insel, Frankfurt/Main 1979, S. 36. Vgl. auch ders., *Macht oder Ohnmacht der Subjektivität? Das Leib-Seele-Problem im Vorfeld des Prinzips Verantwortung*. Insel, Frankfurt/ Main 1981, und *Technik, Medizin und Ethik. Zur Praxis des Prinzips Verantwortung*. Insel, Frankfurt/Main 1985. Der frühere Schüler Heideggers und Husserls, Jahrgang 1903, starb am 6. Februar 1993.

12 Hans Jonas, *Das Prinzip Verantwortung*, a. a. O., S. 246. Jonas' zentrale These der Verantwortung für zukünftige Konsequenzen einer Handlung wirft natürlich vielerlei Fragen auf. Jonas selber bezweifelt, daß die Demokratie in der Lage wäre, eine auf Ver-

zicht hinauslaufende Ethik der Verantwortung durchzusetzen. Er empfiehlt, diese Aufgabe in die Hände einer aufgeklärten Elite zu legen, die für ihn offenbar gleichbedeutend mit einer Regierung aus »Experten« ist. Die Vorbehalte gegen eine solche Lösung seien hier nur angemeldet, ohne sie weiter auszuführen. Zum »Prinzip der Vorsicht« vgl. JeanPaul Maréchal, *Le Prix du risque*, Édition du CNRS, 1991.

13 Jean-Claude Casanova, in *L'Express*, 12. März 1992.

14 Vgl. etwa David Horowitz, »Le vert devient rouge«, *Liberalia*, August 1992, S. 18 f.

15 Wer diesen Vorwurf erhebt, vergißt, daß Thomas Malthus selber der Fortschrittsideologie anhing. Der vollständige Titel seines berühmten Werks von 1798 lautet *An Essay on the Principle of Population, as it affects the future improvement of society with remarks on the speculations of Mr. Godwin, M. Condorcet, and other writers.*

16 Vgl. Gérard Bramoullé, *La Peste verte.* Belles lettres, 1991; Ayn Rand, *The New Left. The Anti-Industrial Revolution.* Signet Books, New York 1975; Martin W. Lewis, *Green Delusions. An Environmental Critique of Radical Environmentalism.* Duke University Press, Durham 1993. Eine vergleichsweise moderate Kritik findet sich bei P. Alphandéry, P. Bitoun und Y. Dupont, *L'Équivoque écologique.* Découverte, Paris 1991; Roger Cans, *Tous Verts! La surenchère écologique.* Calmann-Lévy, 1992.

17 Vgl. Luc Ferry, *Le Nouvel Ordre écologique.* Grasset, 1992; Philippe Pelletier, *L'Imposture écologiste.* Reclus, Montpellier 1993; Robert A. Pois, *La Religion de la nature et le national-socialisme.* Cerf, 1993. Die in diesen Büchern vorgebrachten Argumente sind zum größten Teil entlehnt (ohne sie namentlich zu erwähnen) aus den Werken von Daniel Gasman, *The Scientific Origins of National Socialism.* Macmillan, London, und American Elsevier, New York, 1971, und Anna Bramwell, *Blood and Soil. Walther Darré and Hitler's Green Party.* Kensal Press, Bourne End, 1985. Vgl. auch Hans Magnus Enzensberger, »Critique of Political Ecology«, *New Left Review*, März/April 1974 (nachgedruckt in *Dreamers of the Absolute. Essays in Politics, Crime and Culture. Radius*, London 1988), und Anna Bramwell, *Ecology in the 20th Century. A History.* Yale University Press, New Haven 1989. Mit mehr polemischer Schärfe formuliert es Bernard Thomas, *Lettre ouverte aux écolos qui nous pompent l'air!* Albin Michel, 1992. Plädoyers für die Ökologie aus dezidiert linker Sicht finden sich vor allem bei André Gorz, *Capitalisme, socialisme, écologie.* Galilée, 1991; Félix Guattari, *Les Trois Écologies.* Galilée, 1991, sowie bei Edgar Morin und Jacques Ellul. Vgl. auch Bernard Charbonneau, *Le Jardin de Babylone.* Gallimard, Paris

1969; Cornélius Castoriadis und Daniel Cohn-Bendit, *De l'écologie à l'autonomie.* Seuil, Paris 1981. Einen allgemeiner gefaßten Überblick über die Beziehungen zwischen Umweltschutz und Sozialismus bietet Martin Ryle, *Ecology and Socialism.* Radius, London 1988.

18 Bezüglich des »Romantizismus«, in dem die Ökologie nach Ansicht zahlreicher Kommentatoren ihre Wurzeln hat, wäre es ermüdend, hier das gesamte Ausmaß des Widersinns darzulegen, den die neuere Literatur zu diesem Thema in die Welt gesetzt hat. An dieser Stelle sei jedoch angemerkt, daß die deutsche Romantik, um nur sie zu nennen, sich der Aufklärung niemals verweigerte, sondern im Gegenteil – in der Überzeugung, Staat und Freiheit schlössen sich gegenseitig aus – bemüht war, deren Philosophie mit der Kritik der Moderne zu versöhnen. Gerade an dieser »freiheitlichen« Ausrichtung halten die deutschen Grünen im übrigen fest. Umgekehrt sollte man bedenken, daß auch die Französische Revolution eine pastoral-ruralistische Komponente aufwies, wie sie bei Henri Grégoire, Gaspard de Beaurieu oder Gracchus Babeuf zum Ausdruck kommt. Auf Babeuf beruft sich der DDR-Intellektuelle und Systemkritiker Wolfgang Harich in seinem Plädoyer für einen post-produktivistischen Kommunismus (*Kommunismus ohne Wachstum? Babeuf und der Klub von Rom.* Rowohlt, Reinbek bei Hamburg 1975). Schließlich sei an den Einfluß erinnert, den die Romantik mit ihrer Sehnsucht nach einer »Wiederverzauberung« der Welt auf große jüdische Intellektuelle wie Gustav Landauer, Martin Buber, Ernst Bloch, Walter Benjamin oder Erich Fromm ausübte. Siehe dazu den Überblick von Michaël Lowy, *Révolte et mélancolie. Le romantisme à contre-courant de la modernité.* Payot, Paris 1992. In den USA läßt sich die »romantische« Provenienz der Umweltbewegung am deutlichsten an den Werken von Ralph Waldo Emerson (1803–1882) aufzeigen, dem Begründer des »Transzendentalismus«, der in seinem berühmten Aufsatz über die Natur (*Nature,* 1837) den Genuß beschreibt, den der Mensch im sensiblen Kontakt mit einer als überbordender, üppiger Kraftquell erlebten Natur empfindet. Vgl. *The Selected Writings of Ralph Waldo Emerson.* Modern Library, New York 1950. In der nächsten Generation mündete Emersons Transzendentalismus bei Henry David Thoreau in der Huldigung einer regelrechten »Göttlichkeit der Natur«, die auf dem Gefühl des »Erhabenen« gründet, das die komtemplative Betrachtung der Wildnis weckt. Vgl. Henry David Thoreau, Walden, in: J. Lindon Shanley (Hrsg.), *The Writings of Henry David Thoreau.* Princeton University Press, Princeton 1971, und ders., *Huckleberries,* hrsg. von Leo Stoller, Winhover Press, University of Iowa Press und New York Public Library, New York 1970. Zur Bedeutung des Transzendentalismus für die US-amerikanischen Kulturgeschichte vgl. Charles E. Headington, *Americans in the Wilderness. A Study of their Encounters with Otherness from the Initial Contact through Henry David Thoreau*, Dissertation, University of Chicago, und Catherine L. Albanese, *Nature Religion in America. From the Algonkian Indians to the New Age*. University of Chicago Press, Chicago 1990.

19 Rudolf Bahro, *Wahnsinn mit Methode*. Olle und Wolter, Berlin, 1982, S. 55.

20 Carl Amery, »Progressismus und Konservatismus«, *Vorgänge*, 1974, 4, S. 30.

21 Thomas Keller, *Les Verts allemands. Un conservatisme alternatif*. L'Harmattan, 1993, S. 10. Die von Friedrich Georg Jünger und dem Industriellen Max Himmelheber gegründete konservative Zeitschrift *Scheidewege* zählte zu den ersten Publikationen, die atomkraftkritische Beiträge von Erwin Chargaff, Heinrich Schipperges, Jürgen Dahl und Hans Jonas brachten. In den siebziger Jahren wurden in linken und Linksaußen-Kreisen von Protagonisten wie Rudi Dutschke, Thomas Schmid, Peter Brandt, Herbert Ammon und Henning Eichberg bemerkenswerte Debatten um die »nationale Frage« geführt. Eine der bekanntesten Figuren der deutschen Umweltbewegung, der später aus der Partei ausgetretene Grünen-Mitbegründer Herbert Gruhl (1921–1993), berief sich in seiner Kritik am Liberalismus ausdrücklich auf die Werke der Konservativen Ernst Forsthoff und Hans Freyer (*Ein Planet wird geplündert*. S. Fischer, Frankfurt 1975. Vgl. Alain de Benoist, »Herbert Gruhl et les ›Verts‹ allemands«, *Eléments*, Januar 1994, S. 12f. Im Mai 1993 erfolgte der Zusammenschluß zwischen den Grünen und Bündnis 90. »Seit der Fusion der Ost-Grünen mit der gesamtdeutschen Formation Die Grünen – Bündnis 90«, so Thomas Keller dazu, »sind die Grünen noch weniger sozialistisch, da die ostdeutschen Umweltschützer ein Gedankengut einbrachten, das den Wertkonservatismus anmahnt. Diese politische Kraft hat gute Aussichten, sich auf Dauer im neuen Deutschland einzunisten« (a. a. O., S. 229).

22 Jacques Julliard, »Le civilisation du chômage«, *Le Nouvel Observateur*, 11. März 1993, S. 57.

23 Cornélius Castoriadis, *Le Nouvel Observateur*, 7. Mai 1992, S. 102.

24 André Gorz, »L'écologie politique entre expertocratie et autolimitation«, *Actuel Marx*, 2. Hj. 1992, S. 26.

25 Cornélius Castoriadis, a. a. O.

26 Dominique Bourg, »Droits d'homme et écologie«, *Esprit*, Oktober 1992, S. 80. Der Verfasser erläutert: »Der Nazismus beanspruchte laut und deutlich das technologische und wissenschaftliche Vermächtnis der Moderne für sich. Er nahm sich lediglich vor, wenn ich das so sagen darf, es seines von der Aufklärung und der Französischen Revolution ererbten humanistischen und rationalistischen Beiwerks zu entledigen [...] Ungeachtet ihres Anspruchs auf Radikalität brachte die marxistische Kritik der bürgerlichen Gesellschaft keinerlei Loslösung von der Tradition des westlichen Denkens mit sich« (ebenda).

27 Dominique Bourg, »Quelle écologie politique?«, *Transversales science/culture*, Juli/August 1993, S. 14.

28 René Passet, »Économie et environment«, *Enjeux-Les Échos*, Mai 1992,S. 95.

29 Michel Serres, *Le Tiers-instruit*, François Bourin, 1991, S. 166.

30 Vgl. dazu René Passet, *L'économie et le vivant*, Payot, 1979; Nicholas Georgescu-Roegen, *The Entropy Law and the Economic Process*. Harvard University Press, Cambridge 1971; ders., *Demain la décroissance. Entropie – écologie – économie*. Pierre-Marcel Favre, Lausanne 1979. Vgl. auch das vom Commissariat de Plan mit einem Vorwort von Christian Stoffaës veröffentlichte Werk *L'Économie face à l'écologie*. Découverte, 1993.

31 Vgl. Ernst Friedrich Schumacher, *Small is Beautiful*. Abacus, London 1968.

32 *»... und wehret euch täglich«. Bonn – ein grünes Tagebuch*. Mohn, Gütersloh 1984, S. 72. Vgl. auch Peter Sloterdijk, *Versprechen auf deutsch. Rede über das eigene Land*. Suhrkamp, Frankfurt/Main 1990.

33 André Gorz, a. a. O., S. 18.

34 Vgl. Dominique Allan Michaud, *L'Avenir de la société alternative*. L'Harmattan, 1989; Jonathan Porritt, *Seeing Green. The Politics of Ecology Explained*. Basil Blackwell, Oxford 1984; Frithjof Capra und C. Spretnak, *Green Politics*, E. P. Dutton, New York 1984; R. Robertson, »The Globalization Paradigm: Think Globally«, in: D. G. Bromley (Hrsg.), *Religion and the Social Order. New Developments in Theory and Research*. JAI Press, Greenwich 1991.

35 Vgl. dazu insbesondere Horst Zillessen, »Die Modernisierung der Demokratie im Zeichen der Umweltproblematik«, in: H. Zillessen, Pater C. Dienel und Wendelin Strubelt (Hrsg.), *Die Modernisierung der Demokratie. Internationale Ansätze*. Westdeutscher Verlag, Opladen 1993, S. 17–39.

36 Die Idee eines Grundeinkommens oder Bürgergelds, wie es in Frankreich vor allem die Bürgerinitiative MAUSS (Mouvement anti-utilariste dans les sciences sociales) und die Redaktion der Zeitschrift *Transversales science/culture* fordern, wurde in der Vergangenheit bereits von so unterschiedlichen Autoren wie Ralf Dahrendorf, Erich Fromm oder Denis de Rougemont aufgebracht und diskutiert. Unterstützung findet sie auch bei Philippe van Parijs in Belgien sowie im Parteiprogramm der deutschen Grünen von 1986 (*Umbau der Industriegesellschaft.* Bonn, 1986) Vgl. auch Thomas Schmid (Hrsg.), *Befreiung von falscher Arbeit. Thesen zum garantierten Mindesteinkommen.* Klaus Wagenbach, Berlin 1984.

37 *Environmental Ethics.* Band 1, Simon Fraser University, Vancouver 1989.

38 Martin Heidegger, *Die Frage nach dem Ding. Zu Kants Lehre von den transzendentalen Grundsätzen.* M. Niemeyer, 1962, S. 81f. Mit Descartes begann für Heidegger bekanntlich »die Vollendung der abendländischen Metaphysik« (*Holzwege.* [Erstausgabe: Frankfurt am Main, 1950] 8. Auflage, Vittorio Klostermann, Frankfurt am Main 2003, S. 99; vgl. auch ders., *Nietzsche.* Neske, 1961) Heidegger sieht Descartes' Werk als entscheidende Stufe in der Geschichte der Metaphysik der Subjektivität: Einerseits stelle es den seiner Zeit gemäßen Ausdruck einer sehr viel früher gelegten metaphysischen Grundlage dar; andererseits erneuere es diese Grundlage im Sinne der modernen Wirklichkeitsbestimmung, das heißt der modernen Metaphysik des Menschen als Subjekt. Vgl. dazu die kritische Betrachtung von Robert Legros, »La subjectivité est-elle métaphysique?«, in: *Sujet de droit et objet de droit. L'homme est-il seul sujet de droit?* Presses universitaires de Caen, Caen 1992, S. 65–86.

39 Immanuel Kant, *Grundlegung zur Metaphysik der Sitten.* J. F. Hartknoch, 1797, S. 65.

40 Max Horkheimer, *Zur Kritik der instrumentellen Vernunft. Aus den Vorträgen und Aufzeichnungen seit Kriegsende.* S. Fischer, 1967, S. 106.

41 Karl Marx, *Das Kapital.* MEW 23, S. 209.

42 Ted Benton, »Marxisme et limites naturelles: critique et réconstruction écologique«, in: *L'écologie, ce matérialisme historique,* Sonderausgabe der Zeitschrift *Actuel Marx,* 2. Hj. 1992, S. 78f.

43 Karl Marx, *Das Kapital,* Band III. MEW 25, S. 269.

44 Immer wieder ist der Versuch unternommen worden, Marx allerlei »ökologische« Erwägungen nachzuweisen. So schrieb er etwa: »Die Natur ist der unorganische Leib des Menschen, nämlich die Natur, soweit sie nicht selbst menschlicher Körper ist. Der Mensch lebt von der Natur, heißt: Die Natur ist sein Leib, mit dem er in beständigem Prozeß bleiben muß, um nicht zu sterben. Daß das physische und geistige Leben des Menschen mit der Natur zusammenhängt, hat keinen andren Sinn, als daß die Natur mit sich selbst zusammenhängt, denn der Mensch ist ein Teil der Natur.« (»Ökonomisch-philosophische Manuskripte« (1844), in: Karl Marx und Friedrich Engels, *Werke,* Ergänzungsband, 1. Teil, S. 465–588, Dietz Verlag,

Ost-Berlin, 1968, S. 516) An anderer Stelle heißt es: »Die Arbeit ist nicht die Quelle alles Reichtums. Die Natur ist ebensosehr die Quelle der Gebrauchswerte (und aus solchen besteht doch wohl der sachliche Reichtum!) als die Arbeit, die selbst nur die Äußerung einer Naturkraft ist, der menschlichen Arbeitskraft.« (»Kritik am Gothaer Programm«, in: Karl Marx/Friedrich Engels, *Werke*. Karl Dietz Verlag, Berlin. Band 19, 4. Auflage 1973, unveränderter Nachdruck der 1. Auflage 1962, Ost-Berlin, S. 15) Doch gerade diese Zitate zeigen, daß Marx die Welt zuvorderst hinsichtlich ihres Nutzens betrachtete: Die Natur ist bei ihm als nicht-organischer Körper definiert, ja als ein bloßer Vorrat an »Nutzwerten«, den der Mensch nach Belieben ausbeuten darf, um davon zu leben. Jacques Bidet und Jacques Texier bedauern dies, kommen aber nicht um die Feststellung herum, daß »die Umweltbewegung sich historisch am Rande oder im Gegensatz zum Marxismus entwickelt hat« (*L'écologie, ce máterialisme historique*, a. a. O., S. 7).

45 Michel Serres, *Le Contrat naturel*. François Bourin, 1990, Neuauflage Flammarion 1992, S. 58.

46 Ebenda, S. 53 und 61.

47 Vgl. Plotin, *Enneaden* IV; dazu Henri Crouzel, *Origène et Plotin. Comparaisons doctrinales*. Pierre Téqui, 1992, S. 180f. Der Gedanke einer »Weltseele«, an der auch die Tiere teilhaben, läßt sich sprachlich in das Lateinische zurückverfolgen: Das französische (und englische) Wort *animal* für »Tier« leitet sich von *anima* (»Seele«) ab (*animalis*, »das, was beseelt ist«).

48 D. H. Lawrence, *Apocalypse* (1930), dt.: *Die Apokalypse*. Patmos Verlag, Düsseldorf 2000, S. 53–55 und 157.

49 James Lovelock, *Gaia. A New Look at Life on Earth*. Oxford University Press, Oxford 1979 (dt.: *Das Gaia-Prinzip. Die Biographie unseres Planeten*, Frankfurt/ Main, Insel 1981). Vgl. auch Kit Pedler, *The Quest for Gaia. A Book of Changes*. Souvenir Press, London 1979, und Rosemary Radford Ruether, *Gaia and God. A New Theology for a Renewed Earth*. Harper, San Francisco 1993. Der Gedanke, daß die Erde als lebender Organismus sich an der Menschheit für die ihr zugefügten Zerstörungen »rächen« soll, kommt dem Bild des Parasiten recht nahe, das Michel Serres der Vorstellung von einem symbiotischen Zusammenleben gegenüberstellt: »Unreguliert, ihr Ziel überschießend, kontraproduktiv, so wendet die Herrschaft als Selbstzweck sich gegen sich selber. Deshalb werden die ehemaligen Parasiten, wenn sie in Lebensgefahr geraten wegen des an ihren Wirten begangenen Exzesses – denn sind diese einmal tot, können sie sie weder ernähren noch beherbergen – gezwungenermaßen zu Symbioten. [...] Das Recht auf Beherrschung und Besitz beläuft sich auf Parasitentum. In einer Symbiose dagegen besteht ein auf

Gegenseitigkeit beruhendes Recht: Soviel die Natur dem Menschen gibt, soviel schuldet er ihr« (*Le Contrat naturel*, a. a. O., S. 61 und 67).

50 Rupert Sheldrake, *The Rebirth of Nature. The Greening of Science and God*. New York, Bantam Books 1991. Der Autor verknüpft seine Theorie einer formativen Kausalität mit der Hypothese »morphischer Resonanzen«: »Sobald wir uns das Recht herausnehmen, die Welt als lebenden Organismus zu betrachten«, schreibt er, »geht uns auf, daß ein Teil von uns seit alters her um diese Wahrheit wußte« (S. 244).

51 »Die biologischen Systeme erzeugen spontan Ordnung und Selbstorganisation«, so Stuart Kauffmann. »Wie wir gerade herausfinden, ist die natürliche Welt das Ergebnis des Zusammenwirkens zwischen natürlicher Selektion und der immanenten Ordnung komplexer Systeme« (*The Origin of Order. Organization and Selection in Evolution*. Oxford University Press, Oxford 1993.) Vgl. auch Edgar Morin und Anne-Brigitte Kern, *Terre-Patrie*. Seuil, Paris 1993, die Vorstellungen von »Hologrammen« und einer zirkulären Kausalität vertreten. Edward Goldsmith, »The Way: An Ecological World View«, *The Ecologist*, 1988, 4–5, S. 161–185, und ders., *Le Tao de l'écologie. Une vision écologique du monde*. Rocher, Monaco 2002, beruft sich auf den Biologen C. H. Waddington sowie den geistigen Vater der allgemeinen Systemtheorie, Ludwig von Bartalanffy. Die Anhänger der Tiefenökologie stützen sich bekanntlich stark auf die Werke von »Neophysikern« wie Frithjof Capra und David Bohm. Andere Autoren holen sich Anregungen bei der fernöstlichen Weisheit (Frederic Vester, *Neuland des Denkens*. R. Piper, München 1984), der deutschen Naturphilosophie (Bernhard Waldenfels, *In den Netzen der Lebenswelt*. Suhrkamp, Frankfurt/Main 1985) oder auch bei der Tradition der philosophischen Anthropologie (Eric Jantsch, *Die Selbstorganisation des Universums?* Hanser, München 1992). Luc Ferry schreibt, angesichts seines Standpunkts eher befremdlich: »Die Ökosysteme sind in sich besser angeordnet als die meisten menschlichen Konstruktionen. Die Natur zeigt sich uns durch ihre Intelligenz häufig überlegen« (*Le Nouvel Ordre écologiste*, a. a. O.). Einen Überblick über alle diese Entwicklungen bietet D. R. Griffin (Hrsg.), *The Reenchantment of Science*. State University of New York Press, Albany 1988.

52 Solches apokalyptisches Denken hat Umweltethikern viel Ärger eingehandelt, denn ihre – vor allem amerikanischen – Gegner können unschwer aufzeigen, daß viele der pessimistischen Vorhersagen aus den vergangenen zwanzig Jahren sich zumindest bislang nicht erfüllt haben. Vgl. hierzu vor allem Ronald Bailey, *Eco-Scam. The False Prophets of Ecological Doom*. St. Martin's Press, New York

1992; Dixy Lee Ray und Lou Guzzo, *Environmental Overkill. What Happened to Common Sense?* Regnery Gateway, Chicago 1992; Michael Fumento, *Science under Siege. Balancing Technology and the Environment*. Morrow, New York 1993.

53 Vgl. hierzu den lesenswerten Artikel eines Verfechters der Tiefenökologie, Paul Shepard, »Homage to Heidegger«, in: Michael Tobias (Hrsg.), *Deep Ecology*. Avant Books, San Diego 1985.

54 »Seit dem Untergang der antiken Kosmologien«, heißt es bei Renault, »seitdem sich das Universum uns als unendlich offenbart hat, ist die Natur stumm, sie läßt von sich aus keinerlei Art von Sinn mehr aufkommen [...] Für die Menschen der Neuzeit sind die Bäume an sich sinnleer und sagen nichts« (»Naturalisme ou humanisme? Discussion de Lévi-Strauss«, in: *Sujet de droit et objet de droit*, a. a. O., S. 136f.)

55 Michel Serres, *Le Contrat naturel*, a. a. O., S. 67.

Die kosmische Komponente

Der Begriff »Ökologie« wurde 1859 von dem deutschen Naturforscher Ernst Haeckel erfunden, um die Erforschung der Beziehungen zwischen den lebendigen Organismen und ihrem »heimischen« Universum (griechisch *oikos*), also ihrem natürlichen Umfeld, zu benennen. Der Ausdruck »Humanökologie« wiederum datiert aus dem Jahr 1910. »Ökosystem« ist eine englische Wortschöpfung von 1935 und geht auf den Briten Arthur George Tansley zurück. In ihren *Fundamentals of Ecology* erhoben die Gebrüder Odum die Ökosysteme in den Rang lebendiger Organismen und eröffneten der Wissenschaft somit neue Perspektiven.

Als politisches oder soziologisches Anliegen taucht die Ökologie erst mit einiger Verzögerung auf, nämlich erstmals 1926 bei dem Biologen Wladimir Wernadskij. George Stapleton, einer ihrer Pioniere im angelsächsischen Raum, schrieb sein Werk *Human Ecology* zwischen 1946 und 1948, stieß damit aber im eigenen Umfeld auf solch geringes Interesse, daß sein Manuskript bis zu Stapletons Tod 1960 in der Schublade blieb.[1] Erst im Laufe der sechziger Jahre bildeten sich dank der Bücher von Gunther Schwab in Deutschland sowie Barry Commoner, Barbara Ward, Evelyn G. Hutchinson und Rachel Carson in den USA erste Ansätze eines breiteren Umweltbewußtseins heraus.[2] In Frankreich wurde 1971 ein eigenes Umweltministerium geschaffen.

Im Folgejahr entzündeten sich öffentliche Debatten um den berühmten Bericht des Club of Rome (*Die Grenzen des Wachstums*) und die Erschöpfung der Energieressourcen. Im weiteren Verlauf des Jahrzehnts stand der »Umweltschutz« infolge der Ölkrisen, die das Ende des kontinuierlichen Wachstums und der Vollbeschäftigung anzukündigen schienen, auf einmal ganz oben auf der Tagesordnung. In den meisten westlichen Ländern gründeten sich »grüne« Parteien, Bürgerinitiativen und »alternative« soziale Bewegungen.[3]

Stärke und Ausmaß des allgemeinen Umweltbewußtseins entwickeln sich offensichtlich proportional zur Wahrnehmung der dem natürlichen Lebensraum durch techno-industrielle Aktivität zugefügten Schäden. Jahrzehnteoder gar jahrhundertelang spielte die wirtschaftliche Aktivität sich in vollkommener Ignoranz physikalischer Grundgesetze ab, die besagen, daß Umwelt und Wirtschaft niemals völlig voneinander getrennte Einheiten bilden. Das freie Spiel der Märkte ließ zu, daß die wirtschaftlichen Akteure ihren Nutzen mehrten, ohne die mit ihren Vorhaben verbundenen »externen Kosten« zu berücksichtigen. Die Profitlogik veranlaßte sie, nach kurzfristigen Gewinnspannen zu streben, wobei die Kosten der Reproduktion oder Wiederherstellung marktexterner Produktionsbedingungen »nach außen«, das heißt letztendlich auf das Gemeinwesen verlagert wurden (siehe die bekannte Formel des »NIMBY-Effekts«: *not in my backyard*). Dieser Drang zur Plünderung oder bedingungslosen Ausbeutung der natürlichen Ressourcen war übrigens auch in den Staaten des »real existierenden Sozialismus« sehr ausgeprägt, wie der katastrophale Zustand bezeugt, in dem sich die Umwelt vielerorts in den osteuropäischen Ländern befindet.

Angesichts dieser Lage hat sich allmählich ein allgemeines Bewußtsein sowohl in der Öffentlichkeit wie unter den offiziellen Entscheidungsträgern gebildet, das nach Lösungen für die endgültige Erschöpfung der natürlichen Vorräte, nach den Kosten des unbegrenzten Wachstums und nach dem Einfluß fragt, den eine Anzahl staatlicher wie privater Maßnahmen auf die Geschwindigkeit dieses Wachstums haben könnten. Zwei sehr unterschiedliche Ansätze zeichnen sich ab, ein reformerischer, der weiterhin ein instrumentalistisches oder utilitaristisches Naturverständnis befördert, so wie es etwa William F. Baxter und John A. Livingston vertreten,[4] und ein im eigentlichen Sinne ökologischer. Letzterer will die gegenwärtige Krise zum Anlaß nehmen, die Beziehungen zwischen Mensch und Natur in radikaler Weise zu verändern.

Den erstgenannten Ansatz hat der norwegische Ökologe Arne Næss als »oberflächliche Ökologie« (*shallow ecology*) bezeichnet – im Gegensatz zu der von ihm und seinen Anhängern verfochtenen »Tiefenökologie« (*deep ecology*).[5] Er beläuft sich auf bloße Umweltpflege mit dem Ziel, ökologische Anliegen und Produktivität unter einen Hut zu bringen, ohne die Grundlagen des herrschenden Produktions- und Konsumsystems als solche in Frage zu stellen. Zudem fügt er sich in eine »anthropozentristische« Weltsicht klassischen Typs ein, beruht also auf der Vorstellung, die Natur verdiene unseren Schutz nur aufgrund der Erkenntnis, daß eine übermäßige Zerstörung des natürlichen menschlichen Lebensraums den Interessen des Menschen widerspricht. Haroun Tazieff hat diese Haltung in aller Brutalität formuliert: »Ich bin der Meinung, daß die Erde der Menschheit dienen muß. Wenn die Menschheit ausstirbt, ist das Schicksal der Erde für niemanden mehr von irgendeiner Bedeutung.«[6] Bestenfalls betont diese Haltung, heute zweifellos die am weitesten verbreitete, die »Verantwortung des Menschen« gegenüber einer Natur, die zuvorderst als Kapital begriffen wird, das man nicht leichtfertig verbrauchen darf.[7]

Eine solche reformistische Haltung, die häufig die Ökologie als Wissenschaft gegen einen umweltethisch bestimmten Politikansatz in Stellung bringt, findet ihre extremste Ausprägung bei einigen liberalen oder ultraliberalen Autoren unter dem Einfluß von Ökonomen wie Thomas Tietenberg und Andrew Solow.

Aus liberaler Sicht, die sich auf das freie Spiel des Markts beruft, ist eine vom ökologischen Gedanken geleitete Politik genauso indiskutabel wie alle anderen Formen der Planwirtschaft. Entsprechend werden deren Anhänger als Neomalthusianer, als Befürworter eines »stationären«, ja regressiven Wirtschaftsverständnisses beschimpft, das auf Kosten des (unbegrenzten) Werts lediglich das (begrenzte) Volumen berücksichtigt. Diese liberale Kritik der Umweltethik argumentiert häufig auf der Basis einer bedingungslosen Verteidigung des Privateigentums. Ihr zugrunde liegt der Gedanke, daß einzig und allein Güter, die einer Privatperson (oder einem Zusammenschluß von Privatpersonen) gehören, bewahrt und ordentlich instandgehalten werden, weil es im Interesse ihrer Besitzer liegt, sie mit Sorgfalt zu behandeln. Dagegen sei es vollkommen natürlich, daß »öffentliche Güter«, die niemandem gehören, am stärksten verschandelt und verschmutzt würden. Das liege daran, daß natürliche Ressourcen nicht als in Eigentum umwandelbare marktwirtschaftliche Güter gelten, sondern behandelt werden, als seien sie umsonst oder zumindest spottbillig zu haben.

Daraus wird der Schluß gezogen, daß die staatlichen Mächte, die lange Zeit unbeteiligt zugesehen haben, »die schlimmsten Verschmutzer des Planeten« (Gérard Bramoullé) seien und der allererste Grundsatz der »Marktökologie« lauten müsse, ein allgemeines Privateigentum zu sichern, das als der Weisheit letzter Schluß gilt. Offenkundig geht es darum, die *res communes* (die niemandem gehört und von allen genutzt werden kann) zunächst in *res nullius* (die niemandem gehört, aber in Besitz genommen werden kann) und dann in *res propriae* (jemandes Eigentum) umzuwandeln. Zugleich befürwortet man eine allgemeine Anwendung des Prinzips »Wer verschmutzt, der bezahlt«: Umweltverschmutzer sollen zur Entrichtung einer Geldsumme verpflichtet werden, um die Opfer ihrer Verschmutzungen zu entschädigen.[8]

So schreibt Murray Rothbard: »Angenommen, ein Unternehmen ist Eigentümer einer bestimmten natürlichen Ressource, etwa eines Waldes, weiß die Unternehmensleitung, daß jede Handlung, die dem Fällen eines Baums und seinem Verkauf für einen kurzfristigen Gewinn entspricht, dazu führen wird, daß der Kapitalwert des gesamten Waldes sinkt. Ein Privatunternehmer muß stets den kurzfristigen Gewinn gegen die Kapitalverluste abwägen. Alles spornt ihn an, weit vorauszublicken, neue Bäume anzupflanzen, um die gefällten zu ersetzen, die Produktivität zu steigern und die Ressourcen zu bewahren usw.«[9] Im selben Geiste erklärt Gérard Bramoullé das Aussterben wilder Arten daraus, daß sie niemandem gehörten. Des weiteren stellt er die folgende Frage: »Warum sollte eine Ölquelle entstehen, um sich in einem Raum zu ergießen, der niemandem gehört?« Alain Laurent behauptet: »Der Eigentümer kümmert sich um sein Eigentum, weiß um dessen Wert und sorgt dafür, daß es Ertrag bringt, weil er die Gewißheit hat, es zu behalten und an seine Nachfahren weiterzugeben, und weil es unter diesen Bedingungen für ihn lohnenswerter ist, es mit mittel- und langfristiger Perspektive zu nutzen, anstatt es zu erschöpfen oder verkommen zu lassen.«[10]

Dergleichen Argumente entkräften sich selber. Rothbard, Bramoullé oder Laurent erläutern lediglich, daß es dem *Eigennutz* eines Eigentümers entsprechen mag, eine natürliche Ressource zu bewahren, die für ihn eine Einkommensquelle darstellt. Das ist offenkundig richtig. Was wird jedoch passieren, wenn der Verkauf dieser Ressource, der auf ihre Plünderung oder Zerstörung hinausläuft, einen noch größeren *Eigennutz* bringt? Wie wird sich der Eigentümer von Murray Rothbards Wald verhalten, wenn ihm ein höherer Kaufpreis angeboten wird, als er im Zuge seiner Nutzung erwirtschaften könnte, um auf der Fläche von Werbetafeln verunstaltete Betongebäude zu errichten oder sie an den Meistbietenden als Müllhalde zu vermieten? Selbstverständlich würde der Eigentümer keinen Augenblick lang zögern, denn seine grundlegende Motivation besteht im Streben nach dem größtmöglichen materiellen Vorteil. Damit sind wir beim Axiom des Eigennutzes und bei der Logik der »höchsten Rentabilität« angekommen. Die Achtung vor der Natur kann hier allerhöchstens eine indirekte und kontingente Konsequenz des Begehrens sein, einen individuellen Nutzen zu maximieren – mit Ökologie hat das eindeutig nicht mehr das geringste zu tun.[11]

Echtes ökologisches Denken ist etwas völlig anderes. In den USA speist sich eine radikale Richtung aus den Thesen, die der Naturforscher und Förster Aldo Leopold seit 1949 entwickelte.[12] Sie beinhaltet eine Kritik des Anthropozentrismus, die verschiedene Formen annehmen kann. In ihrer »gemäßigten« Variante wird der Mensch als Bestandteil eines »kosmischen« Ganzen postuliert, von dem er sich nicht isolieren läßt, ohne dabei der menschlichen Gattung die ihr eigenen Besonderheiten und ihre erhabenere Würde abzusprechen.[13] Wird diese Kritik des Anthropozentrismus jedoch übertrieben, kann sie in eine Art egalitären »Biozentrismus« münden, der sämtliche im Universum vorhandenen Lebensformen (ja, sogar sämtliche Arten von Objekten) als gleichwertige Rechtssubjekte betrachtet. Auf jeden Fall fordert eine so verstandene Ökologie eine neuartige Ethik und eine neuartige Weltsicht. Sie hält die Natur für schützenswert unabhängig von ihrem »Nutzen« für den Menschen und formuliert ein allgemeingültiges Prinzip der Bedachtsamkeit, das auf einer neuen Form von »belehrter Unwissenheit« gründet: Die langfristigen Folgen eines Eingriffs in die natürliche Umwelt sind niemals vollständig vorhersehbar, deswegen sollte man auf jegliche Handlung verzichten, die mit allzu schwerwiegend erscheinenden Risiken verbunden ist.[14]

Zu den radikalsten Strömungen, die diese Sichtweise vertreten, zählt die Ende der 1970er Jahre von Protagonisten wie dem Norweger Arne Næss und den Amerikanern Bill Devall und George Sessions begründete Tiefenökologie. Als eher philosophische Denkströmung, die sich überdies sehr unterschiedlichen politischen Richtungen öffnet, lehnt sie den Individualismus ebenso ab wie den Anthropozentrismus. Aus tiefenökologischer Sicht beinhalten beide eine instrumentalisierende Haltung gegenüber der Umwelt. Statt dessen preist man eine auf die Natur zentrierte »Weisheit«, die um die Wiederherstellung einer symbiotischen Harmonie zwischen sämtlichen Lebewesen bemüht ist.

»Wir glauben«, so Bill Devall und George Sessions, »daß wir nichts Neuartiges brauchen, sondern etwas sehr Altes wiederbeleben müssen, nämlich unser Verständnis für die Weisheit der Erde.«[15]

Giovanni Filoramo definiert Tiefenökologie »als einen Versuch, Mensch und Natur ontologisch zu ordnen mit dem Ziel, eine neue Art und Weise des Denkens und Handelns zu schaffen, eine neue Lebensphilosophie, ein neues ökologisches Paradigma, das sich durch seinen Holismus und seinen Radikalismus auszeichnet: holistisch, weil es sich der Atomisierung der Erkenntnis und der Wirklichkeit verweigert; und radikal, weil es an die Wurzeln der Dinge gehen will, indem es die von der neuzeitlichen Wissenschaft geschaffene technomorphe Maschine kritisiert und dekonstruiert und dabei das verlorene Gefühl der Harmonie zwischen Mensch und Natur in seiner Gesamtheit wiederherstellt.«[16] Dominique Bourg wiederum beschreibt die Anhänger dieser Denkrichtung folgendermaßen:

»Sie fühlen sich veranlaßt, selbst die Konsequenz dieser Erhöhung [des Menschen über die Natur und des Individuums über die Gruppe] abzulehnen, nämlich die Erklärung der Menschenrechte. Des weiteren greifen sie die jüdisch-christliche Religion an, in der sie den Ursprung des Anthropomorphismus vermuten, den wissenschaftlich-analytischen Geist, der als solcher nicht zum Verständnis der Natur als Ganzheit taugt, und schließlich die Technologien, denen sämtliche Übel zur Last gelegt werden. Kein einziger Aspekt der Moderne findet vor ihnen Gnade.«[17]

Arne Næss hat den Begriff der »Ökosophie« als Bezeichnung für eine umfassende Lebensphilosophie eingeführt, die sich von der Ökologie als wissenschaftlicher Disziplin unterscheidet und in deren Mittelpunkt die Idee der Selbstverwirklichung steht.[18] Diese »ökologische Weisheit« hat ihren Ursprung im Werk des niederländischen Philosophen Spinoza (1632–1677), der als beispielhafter Kritiker der kartesianischen Weltsicht und als Vordenker eines monistischen Weltbilds betrachtet wird. Sie geht davon aus, daß die Selbstverwirklichung (*self-realization*) über einen auf Dialog mit der Natur begründeten Prozeß der Selbsterkenntnis stattfindet und daß ebendieser Dialog dem Menschen ermöglicht, seine eigene Natur zu entdecken und seinem Leben einen Sinn zu verleihen. Sie erfordert, das Prinzip des Nicht-Widerspruchs zugunsten eines neuen kognitiven Modells »mythopoetischen« Typs aufzugeben. Mit dessen Hilfe könne der Einzelne sein Ich transzendieren und einen Zusammenfall der Gegensätze (*coincidentia oppositorum*) erleben, indem er eins wird mit der als ein großes Lebewesen begriffenen Natur. Insofern scheint die »Ökosophie« das Ideal der *vita contemplativa* aufzugreifen. Dabei kommt sie leider weder ohne die für die »New Age«-Verwirrung typischen Tendenzen noch einen reichlich naiven Irenismus aus.[19]

Alles deutet darauf hin, daß die Debatte zwischen reformistischen und radikalen Umweltethikern noch eine ganze Weile andauern wird.

Eher scheint sie sich sogar zu verschärfen, wie die Veröffentlichung des »Heidelberger Appells« kurz vor dem Rio-Gipfel im April 1992 bezeugte. Über zweihundert Persönlichkeiten des öffentlichen Lebens (darunter freilich nur wenige echte ökologische Fachleute) unterzeichneten dieses Manifest, um ihrer Befürchtung Ausdruck zu verleihen, »das Aufkommen irrationaler Ideologien« drohe »die wirtschaftliche und soziale Entwicklung« zu hemmen: »Die größten Übel, die auf unserer Erde lauern, resultieren aus Unwissenheit und Unterdrükkung und nicht etwa aus der Technologie und Industrie, denn letztere stellen die unerläßlichen Werkzeuge zur Verfügung, mit denen die Menschheit [...] aus eigener Kraft und für ihr eigenes Wohl ihre Zukunft gestalten und grundlegende Probleme wie Überbevölkerung, Hunger und Seuchen in der ganzen Welt überwinden kann.«[20] Der Appell, der bis hin zu seiner Wortwahl vom klassischen Fortschrittsdenken geprägt ist, löste lebhafte Reaktionen aus, angefangen bei einem Gegen-Manifest, dem »Appell an die Vernunft für eine globale Solidarität«, dessen Unterzeichner sich »genauso gegen den ökologischen Extremismus« aussprechen, »der den Menschen der Natur opfert, wie gegen den wissenschaftlichen Imperialismus, der die Menschheit allein durch die Wissenschaft zu retten behauptet«.[21]

Auf jeden Fall dreht sich diese Debatte um eine Existenzfrage: Sind die ökologischen Probleme letztlich nur ein »technisches Detail«, das der Liberalkapitalismus regeln kann, ohne sich selber in Frage stellen zu müssen, oder machen sie vielmehr langfristig die Entscheidung für eine andere Gesellschaft erforderlich, also für eine tiefgründige Veränderung der heute vorherrschenden sozialen Ordnung und Lebensweise?

Die globale Herangehensweise liefert den ersten Ansatz zu einer Antwort – weniger, wie es häufig heißt, aufgrund schlichter demographischer Faktoren,[22] sondern vielmehr im Hinblick auf die Möglichkeiten einer Verallgemeinerung des Produktions- und Konsummodells, das die Basis für die westliche Vorstellung von »Entwicklung« bildet. So schreibt Jean-Paul Besset, »mit den vereinten Kräften der Bajonette, des Markts und des Fernsehens wurde das westliche Zivilisationsmodell dem Universum aufgezwungen, indem es das Haben an die Stelle des

Seins und Produkte an die Stelle von Werten setzte. In ihrer liberalen Version wie in ihrem marxistischen Ansatz sind Massenproduktion und Massenkonsum zum wichtigsten Motor der Gesellschaften geworden, sowohl als Methode der wirtschaftlich-sozialen Kontrolle wie als kulturelles Projekt [...] Jede menschliche Gesellschaft hat die Religion [dieser] Lebensweise übernehmen müssen, die das Wohlergehen mit dem maximalen Besitz der maximalen Anzahl von Dingen gleichsetzt und sich vor dem Goldenen Kalb der speziellen Automarke und der Plastikverpackungen, des Hamburgers und des Atomstroms verneigt.«[23] Nichtsdestotrotz verbraucht gegenwärtig lediglich ein Fünftel der Erdbevölkerung achtzig Prozent der vorhandenen Ressourcen. Das am stärksten industrialisierte Viertel des Planeten verbraucht die sechzehnfache Menge Nichteisenmetalle, die fünfzehnfache Menge Papier, die achtfache Menge Stahl, die vierfache Menge Getreide wie alle übrigen Menschen zusammen. Was würde passieren, wenn dieses Modell tatsächlich verallgemeinert würde? An der Antwort besteht kein Zweifel: »Die Wahrheit ist schwer auszusprechen, aber sie ist unabwendbar. Würde der Süden den Norden nach den kulturellen Kriterien eines auf der Anhäufung von Gütern basierenden Glücks und den Regeln einer dem aus den Fugen geratenen Konsum verhafteten Wirtschaft einholen, würde dies einen Selbstmord des Planeten bedeuten.«[24]

*

»Traurige Völker der Schrift,
der Grammatik und der Worte,
der eitlen Spitzfindigkeiten,
was habt ihr aus der Natur gemacht?«
Jules Michelet, *Bibel der Menschheit* (1865)

Der Libertäre Alain Laurent betrachtet das ökologische Denken als »eine neo-animistische Religion, die auf der Sakralisierung der Natur und der Rückkehr zum archaischen Kult der Erde als Mutter und

Göttin« gründe, und überdies als »konsensuelle Inspirationskraft des postmodernen Kommunismus, der um sich zu greifen sucht«.[25] Pierre-Gilles de Gennes, Träger des Nobelpreises für Physik von 1991, äußerte wiederholt Kritik an der »Religion des Ökologismus«. Marc Fornacciari befaßt sich mit den »Entstehungsbedingungen dieses Denkens« und formuliert folgende Hypothese:

»Handelt es sich um ein altes germanisches Heidentum unglückseliger Völker, die jenseits des *limes* verblieben?«[26] Dieselbe Einschätzung findet sich bei Haroun Tarzieff, wenn er von »neuheidnischen Empfindungen der Naturanbetung« spricht, den Heidelberger Appell als »Appell an den gesunden kartesianischen Menschenverstand, vernünftig, dezidiert anti-heidnisch« bezeichnet und sich ausdrücklich »für Descartes, gegen Heidegger« ausspricht.[27]

Was für erstaunliche Äußerungen! Indes kommt es heutzutage selten vor, daß eine Denkströmung, deren Vertreter teilweise eine Rolle in der Politik spielen, sich den Vorwurf des »Heidentums« gefallen lassen muß. So lapidar, ja polemisch diese Zuschreibung getroffen wird, lohnt es sich doch, sie näher zu untersuchen.

Bekanntlich haben die meisten traditionellen Religionen eine »kosmische« Komponente: Das Universum wird als großes Lebewesen begriffen, mit dem der Mensch durch sein bloßes Sein verbunden ist. In den fernöstlichen Religionen, ob im Buddhismus, Hinduismus oder Shintoismus, wird diese Verbindung in der Regel emphatisch empfunden und betont. Dasselbe gilt für die ältesten europäischen Religionen, die die Natur als *belebt* erkennen, an die Existenz »heiliger Orte« und an einen zyklischen Zeitbegriff glauben und vom Menschen verlangen, daß er durch Opferhandlungen und Rituale eine Harmonie zur Welt herstellt. Aus dieser Sicht ist die Erde kein bloßer Lebensraum für den Menschen, sondern auch seine Partnerin, die niemals als bloßes Mittel im Dienste seiner Zwecke benutzt werden darf. »In der überwiegenden Zahl aller in der Geschichte bekannten Religionen besteht das religiöse Leben gerade darin, die Einheit des Menschen mit dem Leben und der Natur zu preisen«, betont der rumänische Religionswissenschaftler und Philosoph Mircea Eliade (1907–1986).[28] Jede Kosmologie ist zugleich eine Ontophanie, eine ganzheitliche Offenbarung des Seins, und zugleich eine Palingenesie, ein ständiger Wiederbeginn. »Für den religiösen Menschen der archaischen Gesellschaften *existiert die Welt, weil sie von den Göttern geschaffen ist*; schon die Existenz der Welt ›will etwas sagen‹. [...] Daß der Kosmos lebt, ist schon ein Beweis seiner Heiligkeit, denn er ist von den Göttern geschaffen, und die Götter zeigen sich dem Menschen im kosmischen Leben. [...] Er bildet einen Teil der göttlichen Schöpfung; anders ausgedrückt, er findet in sich selbst die Heiligkeit wieder, die er im Kosmos erkennt. Infolgedessen setzt er sein Leben dem kosmischen Leben homolog; als göttliches Werk wird dieses zum Vorbild der menschlichen Existenz. [...] Die ›Offenheit zur Welt‹ setzt den religiösen Menschen in den Stand, sich selbst zu erkennen, indem er die Welt erkennt – und diese Kenntnis ist ihm kostbar, weil sie etwas Religiöses ist, weil sie Bezug hat auf das Sein.«[29] Das Weltbild des biblischen Monotheismus ist ein anderes. Die Bibel kennt keinen Naturbegriff als solchen: Dort steht statt dessen die Schöpfung im Vordergrund. In der christlichen Theologie entsteht die Welt nicht mehr aus der Teilung einer gemeinsamen Substanz, sondern als radikale Neuheit, als Hervorbringung des freien Willens eines Gottes, deren Vollkommenheit es nichts hinzuzufügen gibt. Gott ist in dieser Welt zwar allgegenwärtig, ohne ihr aber immanent zu sein: Er ist ein von ihr klar zu unterscheidendes Wesen, das in einem Willkürakt das gesamte Universum geschaffen hat. Weil sie erschaffen wurde, kann der Erde selber keinerlei Heiligkeit innewohnen. Das »kosmische« Weltbild der Antike verliert somit seine Gültigkeit. Das Dasein der Menschheit fügt sich nicht mehr ein in die ewige Abfolge der Kreisläufe und Jahreszeiten, sondern richtet sich zuvorderst an einer linearen Vorstellung von Zeitlichkeit aus. Ihren Ursprung findet sie nun in einer historischen Offenbarung und fügt sich ein in eine Heilsgeschichte. Es gibt keine heiligen Zeiten oder heiligen Orte, kein Heiligtum mehr, sondern nur noch den Heiligen. Die Natur legt Zeugnis ab von der Schöpfung, ohne selber Geist zu sein. So beginnt die Heideggersche »Entgötterung« der Welt, und auf sie wiederum folgt das, was Max Weber als ihre fortschreitende »Entzauberung« bezeichnet hat. Das Universum ist entheiligt, seiner magischen[30] oder spirituellen Kräfte beraubt, und darin kündigt sich bereits seine kartesianische Reduzierung auf den Zustand einer »Sache« an.

Gleichzeitig wird dem Menschen eine neue Rolle innerhalb der Schöpfung zugesprochen. Er stellt nicht nur eine spezifische Ebene der wahrnehmbaren Wirklichkeit dar, sondern ihren Mittelpunkt, den souveränen Herrscher über sie. Der Mensch unterscheidet sich ontologisch von allen anderen Lebewesen, die wie er die Fähigkeit besitzen, sich fortzupflanzen, aber nicht wie er »zum Ebenbild Gottes« geschaffen wurden. Seine Seele, der wesentliche Teil seines Seins, der ihn in ein persönliches Verhältnis zu Gott setzt, verdankt der Natur nichts. Zwischen der Welt und ihm findet somit eine radikale Zäsur statt.[31] Als »Krönung der Schöpfung«, Hauptfigur der Urgeschichte, steht der Mensch über der Natur und hat deswegen ihr gegenüber Rechte, genauso wie Gott über dem Menschen steht und ihm gegenüber deswegen Rechte hat. Schließlich wurde die Welt allein für den Menschen erschaffen, und daher hat er das Recht, sie seinem Willen zu unterwerfen. Der ursprüngliche Dualismus zwischen Erschaffenem und Nicht-Erschaffenem, zwischen Seele und Körper mündet in einen radikalen Anthropozentrismus.

Dieses Herrschaftsverhältnis wird bereits im 1. Buch Mose festgelegt, als Gott sagt: »Laßt uns Menschen machen, ein Bild, das uns gleich sei, die da herrschen über die Fische im Meer und über die Vögel unter dem Himmel und über das Vieh und über die ganze Erde und über alles Gewürm, das auf Erden kriecht.« (1. Mose 1,26) Nachdem er Mann und Frau erschaffen hat, segnet Gott sie und trägt ihnen auf: »Seid fruchtbar und mehret euch und füllt die Erde und macht sie euch untertan und herrscht über die Fische im Meer und über die Vögel unter dem Himmel und über alles Getier, das auf Erden kriecht.« (1. Mose 1, 28) Dieselbe Formulierung wird verwendet, als Jahwe nach dem Ende der Sintflut seinen Bund mit den Überlebenden erneuert:

»Und Gott segnete Noah und seine Söhne und sprach: Seid fruchtbar und mehrt euch und erfüllt die Erde. Furcht und Schrecken vor euch sei über alle Tiere auf Erden und über alle Vögel unter dem Himmel, über alles, was auf dem Erdboden kriecht, und über alle Fische im Meer; in eure Hände seien sie gegeben. Alles, was sich regt und lebt, das sei eure Speise; wie das grüne Kraut habe ich's euch alles gegeben.« (1. Mose 9, 13)

Dieser Herrschaftsauftrag läßt sich freilich sehr unterschiedlich auslegen. In der jüdischen Tradition wird der Vers 1,28 im 1. Buch Mose vor allem als Aufforderung zur Fortpflanzung verstanden.[32] Die christliche Tradition hingegen leitet daraus zuvorderst die Legitimität ab, sich die Erde »untertan« zu machen. Augustinus, einer der wenigen christlichen Autoren, die die Formulierung »Seid fruchtbar und mehret euch« in einem geistlichen Sinn verstehen, behauptet in seinem *Gottesstaat*, Gott habe Leben und Tod der Tiere und Pflanzen dem menschlichen Nutzen unterstellt. Thomas von Aquin geht allerdings ebenfalls davon aus, daß der Mensch einen legitimen Herrschaftsanspruch (*dominium*) über die Tiere und Pflanzen ausüben darf. In seiner *Summe gegen die Heiden* (III, Kapitel 112) heißt es: »Denn nach der natürlichen Ordnung der göttlichen Vorsehung sind [die Tiere] zur Nutzung durch den Menschen bestimmt [*in usum hominis ordinantur*]; er begeht somit kein Unrecht, indem er sie sich durch Tötung oder anderweitig nutzbar macht.«

Als Ergebnis der Schöpfung wird die Natur zwar für gut befunden, hat aber keinen Eigenwert. Bestenfalls gilt sie als bewahrens- und schützenswert, nicht aufgrund ihrer Schönheit und der ihr innewohnenden Heiligkeit, sondern aufgrund ihres Nutzwerts für den Menschen, als Rahmen, innerhalb dessen er sein Heil suchen soll, oder auch als von Gott ausdrücklich gewolltes Werk, als Spiegel des göttlichen Intellekts. Die Liebe zur Natur als solcher gilt als »Idolatrie«, also Heidentum. Sie führt zu dem Glauben, die menschlichen Verhaltensregeln ließen sich allein aus dem Schauspiel des Kosmos ableiten. Im selben Maße, in dem die Natur schön ist, erweist sie sich als gefährliche Verführerin. Aus christlicher Sicht führt der freie Ausdruck der »natürlichen Instinkte« (insbesondere derjenigen, die mit der Sexualität zusammenhängen) unweigerlich zur Sünde. Auch in der jüdischen Tradition, die sich ansonsten in vieler Hinsicht stark von der christlichen unterscheidet, warnen die Gelehrten vor der verführerischen Wirkung der Schönheiten der Natur. »Wer im Gehen seine Lektion einübt und sie unterbricht, um auszurufen: ›Was für ein schöner Baum, und wie schön das Feld ist!‹, den betrachtet die Schrift, als hätte er seine Seele verloren.«[33] »Der Judaismus«, erläutert Catherine Chalier, »betont den nicht-natürlichen Charakter dessen, was die Torah vorschreibt. Es heißt, sie sei in der Wüste offenbart worden, wo fast nichts von selber sprießt, eben weil sie nicht natürlich ist. Die bloße Vorstellung einer Offenbarung widerspricht im übrigen dem Gedanken, daß die Natur dem Menschen genügt.«[34] Die Gebote der Torah (*mitzvot*) zielen ihrerseits darauf ab, den Menschen ständig daran zu erinnern, daß das Gesetz über alles, was natürlich, instinktiv, spontan ist, hinausgeht: »Selbst die lebenswichtigste Geste – diejenige, die darauf abzielt, seinen Hunger zu stillen – wird somit am Rand seiner natürlichen Spontanität gehalten, stellt sie doch keine Verhaltensregel dar.«[35]

Die These von der Verantwortung des Christentums für die Zerstörung der Natur durch die westliche Technologie wurde insbesondere in einem berühmten Artikel vertreten, den Lynn White jr. 1967 veröffentlichte.

»Der Sieg des christlichen Glaubens über das Heidentum war die größte geistige Revolution unserer Kulturgeschichte«, heißt es dort: »Das Christentum dagegen hatte vom Judentum nicht nur die Vorstellung einer nicht wiederholbaren und linearen Zeit übernommen, sondern auch eine eindrucksvolle Schöpfungsgeschichte. [...] Gottes Schöpfung zielt einzig und allein auf das Wohlergehen des Menschen ab. [...] Zumal in seiner abendländischen Form ist das Christentum die am stärksten anthropozentrisch geprägte Religion der Weltgeschichte. [...] In komplettem Gegensatz zum antiken Heidentum und zu den asiatischen Religionen führte das Christentum nicht nur einen Dualismus zwischen dem Menschen und der Natur ein, sondern betonte ferner, daß Gottes Wille geschehe, wenn der Mensch die Natur zu seinen eigenen Zwecken ausbeutet.«[36]

»Im klassischen Altertum«, so White jr., »hatte jeder Baum, jede Quelle, jeder Bach und Berg seinen eigenen *genius loci*, seinen Schutzgeist. Diese Geister waren für die Menschen ansprechbar, ihnen jedoch ganz unähnlich, wie die zweideutige Natur der Zentauren, Faune und Wassernixen bezeugt. Ehe man einen Baum fällte, einen Tunnel durch einen Berg trieb oder einen Bach staute, war es notwendig, den dafür zuständigen Geist zu besänftigen. Indem das Christentum die heidnische Naturbeseelung zerstörte, schuf es erst die Voraussetzungen für die Ausbeutung der Natur.«[37]

Vom Zeitpunkt seines Erscheinens bis heute hat Lynn White jrs. Text zahlreiche oft kritische Kommentare hervorgerufen. Anfang der siebziger Jahre betonte René Dubos beispielsweise, daß die Verschmutzung und Zerstörung der natürlichen Umwelt niemals das alleinige Machwerk der westlichen Kultur waren. Die fernöstlichen Religionen, denen im allgemeinen mehr Respekt vor den »natürlichen Gleichgewichten« zugesprochen wird, haben im Laufe der Geschichte eine Reihe von zerstörerischen Übergriffen auf die Natur nicht verhindert.[38] Dieses Argument hat Dominique Bourg in jüngerer Zeit aufgegriffen. Er ist der Meinung, Dualismus, Anthropozentrismus und Transzendentalismus müßten nicht zwangsläufig zur Begünstigung eines rein technischen Verhältnisses zur Natur führen.[39] Abgesehen von ein paar zutreffenden, aber punktuellen Beobachtungen fragt keiner dieser Kritiker nach den Gründen dafür, daß dennoch die heftigsten und mit der deutlichsten Systematik betriebenen Umweltzerstörungen im Dunstkreis der »christlichabendländischen« Zivilisation stattgefunden haben. Genausowenig setzen sie sich damit auseinander, aus welchen philosophischen und metaphysischen Quellen sich die Instrumentalisierung der Welt im Namen der technischen Vernunft speist.

Mircea Eliade hingegen hätte White jr. vermutlich zugestimmt. »Die neuzeitliche Wissenschaft«, notierte der Begründer der Religionswissenschaft in seinem Tagebuch, »wäre nicht möglich gewesen ohne die judäochristliche Tradition, die dem Kosmos das Heilige genommen und ihn dadurch ›neutralisiert‹ und ›trivialisiert‹ hat. [...] Mit seiner antiheidnischen Polemik hat das Christentum den Kosmos entheiligt [...] und die objektive, wissenschaftliche Erforschung der Natur ermöglicht. [...] Die ›Technik‹, die abendländische Zivilisation ist das indirekte Ergebnis des Christentum, das an die Stelle des Mythos im Altertum getreten ist.«[40] Michel Serre neigt ebenfalls dieser Deutungsweise zu, wenn er anmerkt: »Der Monotheismus hat die lokalen Götter zerstört, nicht länger hören wir die Göttinnen zwischen den Quellen lachen, noch erscheinen uns die Geister im Laubwerk; Gott hat die Welt leer gemacht, der große Pan, heißt es, ist tot«.[41] Der deutsche Theologe Eugen Drewermann, dessen Ansichten derzeit leidenschaftlich diskutiert werden, stellte in einem seiner letzten Werke genau dieselbe These auf. Drewermann zufolge seien »die monotheistischen Religionen im Verbund mit dem griechischen Rationalismus und vermittelt über das Christentum verantwortlich für den Bruch des Menschen mit der Natur«.[42]

In dieser Frage wie in vielen anderen ist es freilich problematisch, die christliche Tradition als homogenes Ganzes zu behandeln. Lynn White jr. erinnert daran, daß vor allem die römisch-katholische Kirche den Menschen zum Mittelpunkt der Schöpfung machte. Dagegen postulieren die Christen des keltischen Kulturraums ebenso wie die orthodoxe Kirche eine Teilhabe der Natur an der Heilsgeschichte. Die Ausnahmegestalt des Franz von Assisi, den White jr. für den »bedeutendsten Radikalen in der christlichen Geschichte nach Christus«, ja den »größten geistigen Revolutionär in der abendländischen Geschichte« hält, möchte er zum »Schutzpatron der Ökologen« machen.[43] Andere Autoren betonen die Bedeutung einer auf die Natur gerichteten Frömmigkeit, die bisweilen an Pantheismus grenzt, bei manchen christlichen Häretikern, bei Mystikern wie Meister Eckart und Hildegard von Bingen sowie bei bestimmten Bettelorden.[44] Aufmerksamkeit gebührt auch der hermetischen Tradition, der zufolge Gott zum Schöpfer seiner selbst wurde, indem er die Welt erschuf, stellt sie doch »einen immanenten, innerweltlichen und energetischen Weg dar, die Natur als lebendige Gesamtheit wertschätzen zu lernen, deren Daseinszweck in ihr selber, in ihrer *creatio continua* liegt«.[45]

Der Fall des Protestantismus gestaltet sich komplexer. Indem sie den Heiligen- und Marienkult ausmerzt, der in gewissem Maße den Götterkult des heidnischen Polytheismus ablöste,[46] scheint die Reformationskirche die Kluft zwischen Gott und Natur unüberbrückbar zu machen. Andererseits läßt die Abschaffung der institutionellen Formen des Katholizismus die Wiederherstellung einer direkten Verbindung zwischen Mensch und Gott möglich werden, bei der die Natur und nicht mehr die Kirche die Rolle des privilegierten Vermittlers spielt.

»Paradoxerweise treffen sich der alte Pantheismus und die Reformation in diesem Punkt«, so Jean Viard.[47] Besonders deutlich macht sich diese Tendenz in der lutherischen Strömung bemerkbar, und noch stärker im Pietismus, der im 17. Jahrhundert im Elsaß entstand. Neben einem gewissen Individualismus war für diesen eine »Sentimentalität« kennzeichnend, der sich anfangs in der Liebe zur Natur als Werk Gottes ausdrückte, um dann ebendiese Liebe zur Natur zum eigentlichen Inhalt religiösen Empfindens zu machen.[48] Der Pietismus übte einen starken Einfluß auf die deutsche Romantik aus (und zweifellos ebenso auf Rousseau), wo die Liebe zur Natur die Form einer Naturfrömmigkeit und sogar Weltfrömmigkeit annimmt. »So entstehn mannigfache Naturbetrachtungen«, schreibt Novalis in *Die Lehrlinge zu Sais* (1799), »und wenn an einem Ende die Naturempfindung ein lustiger Einfall, eine Mahlzeit wird, so sieht man sie dort zur andächtigsten Religion verwandelt, einem ganzen Leben Richtung, Haltung und Bedeutung geben.« Allerdings bleibt die Frage offen, ob dieses »protestantische« Naturgefühl, wie es den nordeuropäischen Ländern eigen scheint, nicht in neuer Gestalt eine viel ältere Mentalität ausdrückt.[49]

Die gegenwärtige Welle des Umweltbewußtseins scheint zudem bestimmte konfessionelle Schranken eingerissen zu haben. Katholiken, Protestanten und Juden engagieren sich heute durchaus für die Natur und durchforsten ihr Erbe nach mehr oder weniger überzeugenden Rechtfertigungen für diesen Einsatz. Eine gängige christliche Position besteht darin, die Verantwortung des Menschen für die Natur gerade aus seinem besonderen Rang innerhalb der Schöpfung abzuleiten.[50] Im Judentum wird die Geschichte von der Arche Noah bisweilen als Zeugnis einer Sorge um die Artenvielfalt gedeutet.[51] Beim Neujahrsfest der Bäume (*Tu Bishvat*) wird insbesondere der Vers aus dem 5. Buch Mose zitiert, der mahnt: »So sollst die Bäume nicht verderben, daß du mit Äxten dran fährst; denn du kannst davon essen, darum sollst du sie nicht ausrotten«.[52] Auf einer Tagung der Pax-Christi-Bewegung im Oktober 1992 verteidigten einige Teilnehmer in der Überzeugung, daß »der Christ in den heiligen Schriften die Anleitung zu einem vernünftigen ökologischen Verhalten findet«, sogar den »Biozentrismus« und redeten einer »Kosmoethik« das Wort.[53] Papst Johannes Paul II. schließlich sah in der Plünderung der Erde eine Machtanmaßung: »Der Mensch setzt sich an Gottes Stelle und provoziert am Ende den Aufstand der Natur, die er eher tyrannisiert als regiert.«[54]

Diese »Bekehrung« der Kirchen zum Umweltbewußtsein entkräftet jedoch nicht die Argumente, die Lynn White jr. vorbringt. Schon im 19. Jahrhundert kritisierte Feuerbach am christlichen Dogma der Schöpfungsgeschichte, daß es »alles, was ist« auf bloßen Stoff reduziere, der einzig und allein erschaffen wurde, um menschlichen Zwecken zu nützen. Andere Autoren haben eine Kontinuität aufgezeigt vom Christentum, das die Welt entheiligt und ihr jegliche spirituelle Dimension abspricht, über das kartesianische Denken, das die Natur als mechanisches System betrachtet, über das sich der Mensch zum souveränen Herrscher aufschwingen soll, bis hin zur Entstehung einer Moderne, die gekennzeichnet ist durch die immer schnellere Entwicklung der Technologie und durch die Isolierung des Menschen von jeglicher Verbindung zum Universum. Entsprechend schreibt Danièle Hervieu-Léger: »Der historische Entwicklungsbogen der Subjektwerdung – die am Anfang der Besitzergreifung des westlichen Menschen über die Natur steht – wurzelt zumindest teilweise in einem religiösen Entwicklungsbogen: jenem, der vom jüdischen Prophetentum der Antike bis hin zur calvinistischen Prädestinationslehre seinen Schwerpunkt auf das Verhältnis des Menschen zu Gott gelegt hat, auf die vernunftgeleitete Verwirklichung eines ethischen Ideals, die zunächst außerhalb der Welt stattfand und sich dann in ebendieser Welt vollzog.«[55]

»Um ›den Begriff des Unendlichen‹, das Vermächtnis der Aufklärung, das westliche Modell des *Fortschritts*, des grenzenlosen Wachstums des Kapitalismus und der freien Marktwirtschaft zu verteidigen«, so Jacques Grinevald, »muß man geradezu zwangsläufig an eine Heilsreligion wie das messianische Christentum glauben, aus dem das westliche Projekt der Wissenschaft und Technologie hervorging, das sich derzeit der Weiterentwicklung des Planeten annehmen will.«[56]

Die Existenz einer Verbindung zwischen Ökologie und Religion läßt sich also kaum bestreiten, sie wird aber sehr unterschiedlich ausgelegt. Während manche Umweltethiker die Mitschuld des Christentums an der Entstehung eines Herrschaftsverhältnisses gegenüber der Natur betonen, hoffen andere ganz im Gegenteil auf ein neues *religiöses* Naturgefühl, so daß der Umweltschutz zu einer »heiligen Pflicht« wird, die einhergeht mit der Wiederentdeckung einer Dimension der Transzendenz im menschlichen Handeln. Religion läßt sich somit entweder als Ursache für die Zerstörung der Beziehung zwischen Mensch und Natur betrachten oder aber als möglicher Ausgangspunkt für die Wiederherstellung ebendieser Beziehung. Mit anderen Worten prallen hier zwei sehr verschiedene Arten von Protest aufeinander. Danièle Hervieu-Léger spricht von »einem ökologischen Protest gegen eine anthropozentrische religiöse Tradition einerseits; einem spirituellen und/ oder religiösen Protest gegen die Entheiligung der Natur in der modernen Welt andererseits«.[57] Der Widerspruch ist wohlverstanden nur ein scheinbarer, denn tatsächlich handelt es sich schlicht um verschiedene Religionen. Er zeigt jedoch, wie sehr das Religiöse oder Spirituelle heutzutage die ökologische Thematik durchdringt. Davon legen im übrigen die Arbeiten zahlloser Theoretiker nachdrücklich Zeugnis ab.

Schon vor über einem Vierteljahrhundert benannte der britische Ökonom Ernst Friedrich Schumacher die Notwendigkeit einer »metaphysischen Erneuerung«, während der US-amerikanische Biologe René Dubos unser Heil abhängig machte »von unserer Fähigkeit, eine Religion der Natur zu schaffen«, denn »eine ethische Haltung bei der wissenschaftlichen Erforschung der Natur führt logischerweise zu einer Theologie der Erde«.[58] Edgar Morin wiederum beschwört eine Religion herauf, »die die Ungewißheit annähme«. Bei Rupert Sheldrake übersetzt sich der Protest gegen die »Entzauberung« der Erde in eine Sehnsucht nach neuer Heiligkeit: »Wenn wir die Natur als lebendig betrachten – macht das einen Unterschied gegenüber der Auffassung, daß sie unbelebt ist? Ja, denn erstens wird damit die humanistische Grundhaltung relativiert, auf der die moderne Zivilisation basiert. Zweitens gewinnen wir dadurch ein neues Gefühl für unsere Beziehung zur Natur und eine neue Sicht der menschlichen Natur. Und drittens wird hier etwas möglich, was ich die Resakralisierung der Natur nennen möchte.«[59]

Michel Serres, dem das Religiöse ebenfalls am Herzen liegt, stellt ihm das französische Wort *negligere* (vernachlässigen) als sein etymologisches Gegenteil gegenüber (*nég-ligere, re-ligieux*): »Absolut gesprochen vernachlässigt (entreligiösiert) die Moderne.«[60] Er freut sich, daß »Gott die Götter aufnimmt«, schreibt aber freimütig: »Von der Tradition bewegt, glaubte ich lange, der Monotheismus habe die lokalen Götter getötet, und ich trauerte um den Verlust der Hamadryaden, ein Heide wie alle Bauern, wie meine Väter. Die Einsamkeit, in der sich die Bäume, die Flüsse, die Meere und Ozeane befinden, zerriß mir das Herz, und ich träumte davon, den leeren Raum wieder zu bevölkern, ich hätte gerne zu den zerstörten Göttern gebetet. Ich haßte den Monotheismus für diesen Holocaust der Gottheiten, und die Gewalt schien mir allumfassend, ohne Erbarmen oder Ausnahme.«[61] Weiter heißt es:

»Ja, hier stehe ich wahrlich als Heide, ich bekenne es, Polytheist, Bauer und Bauernsohn, Seemann und Sohn eines Seemanns [...] Ich glaube, ich glaube vor allem, ich glaube ganz grundlegend, daß die Welt Gott ist, daß die Natur Gott ist, weißer Wasserfall und Gelächter der Meere, daß der wechselhafte Himmel Gott höchstselbst ist ...«.[62]

Auf der Basis von ein und derselben Kritik der Zerstörungen und Verschmutzungen der Umwelt[63] schlagen Umweltethiker von »spiritueller« Warte betrachtet sehr verschiedene Wege ein. Manche von ihnen wenden sich den fernöstlichen Religionen zu. In Deutschland folgte Rudolf Bahro den Spuren Erich Fromms, um die Lehren des Buddhismus der »monotheistischen Naturverachtung« entgegenzusetzen.[64] Andere wie Peter Sloterdijk oder Hans Blumenberg bemühen sich um eine Rehabilitierung des vom Nationalsozialismus befleckten Mythosbegriffs und ergründen die Möglichkeiten einer »nicht-regressiven Neomythologie«.[65] Hans Peter Duerr fordert eine Revitalisierung der Kulturen unter Berücksichtigung »wilder« Elemente, deren Unterdrückung seiner Meinung nach die Totalitarismen der Moderne möglich werden ließ.[66] Manon Maren-Grisebach spricht von einer »Vision der Ganzheit, mit vielen Brüchen und Abgründen, aber letztlich vereint zu einer Arche, in der wir mit allem anderen sitzen«.[67] Zugleich hinterfragen Autoren wie Michael Ende und Sten Nadolny den Kult der Geschwindigkeit und die Vorstellung von einer linearen Zeitlichkeit, aus der sich der Glauben an die Beschleunigung des Fortschritts speist. Statt dessen bemühen sie sich um die Schaffung eines neuen Zeitbewußtseins, für das Vergangenheit und Zukunft jeden gegenwärtigen Augenblick mitgestalten.[68] In den Grenzbereichen der Umweltbewegung und des Neofeminismus – der häufig die Existenz einer eindeutigen Verbindung zwischen der Unterdrückung der Frau und der Herrschaft über die Natur behauptet – ist das wiederauflebende Interesse an einem hypothetischen vorzeitlichen Matriarchat oder auch am Themenkomplex Hexen und Hexenverfolgung nicht weniger aufschlußreich.

Selbstverständlich sind nicht alle dieser Ansätze von demselben Wert oder demselben Interesse. Viele davon sind von dem Obskurantismus und Synkretismus geprägt, die die Epoche der »New Age«-Religionen kennzeichneten und können insofern als anschauliche Beispiele der von Oswald Spengler seinerzeit angeprangerten »sekundären Religiosität« gelten.

Das »Heidentum«, das manche ihrer Gegner der Umweltethik unterstellen, ist ebenfalls mit allerlei Mißverständnissen behaftet. Zum Beispiel erfährt man so gut wie nie, daß das indo-europäische Heidentum des Altertums sich zu keiner Zeit auf eine schlichte »Naturreligion« berief (es ist nicht abseits der Natur denkbar, beschränkt sich aber nicht auf reinen Naturalismus) und daß der Kult der Erdmutter obendrein einer ganz anderen Tradition angehört, nämlich der tellurischen, chtonischen, die es größtenteils verdrängte. Die Resakralisierung der Natur, wie sie bestimmte radikale Umweltethiker betreiben, geht weniger auf den »klassischen« heidnischen Begriff des Heiligen zurück als vielmehr auf eine hermetische Tradition, die die Betonung auf die Verbindung zwischen Mensch und Natur, Mikrokosmos und Makrokosmos legt, auf »den im Menschen vorhandenen göttlichen Anteil und das göttliche Fundament des Kosmos« (Giovanni Filoramo). Es ist sicherlich keine Übertreibung, darin eine Wiederbelebung bestimmter vorchristlicher Weltsichten in neuer Form zu sehen. Die heutige Umweltethik schlicht als »Neuheidentum« zu deuten, ist in doppelter Hinsicht widersinnig, sowohl in bezug darauf, was das europäische Heidentum ausmachte, als auch in bezug darauf, was die zeitgenössische Ökologie ausmacht. Zwischen beiden besteht eine gewisse Ähnlichkeit, aber keine vollkommene Übereinstimmung.

Dagegen gilt es zu bedenken, daß die »Entzauberung« der Welt sich im Zuge ihrer Säkularisierung gegen ebenjene religiöse Tradition gewendet hat, die sie ursprünglich möglich machte. Der neuzeitliche Atheismus ist die paradoxe Frucht einer Religion, die die Vernunft für allmächtig erklärte. Eben deswegen hat Marcel Gauchet das Christentum als die »Religion des Abschieds von der Religion« bezeichnet. Im selben Sinne schreibt Danièle Hervieu-Léger: »Das Judentum und das Christentum haben sicherlich den Prozeß der ›Entzauberung‹ der Welt mächtig vorangetrieben, der sowohl der wirtschaftlichen Erschließung der Natur als auch ihrer schrankenlosen Ausbeutung den Weg ebnete. Jedoch hat der Vormarsch der Rationalisierung, der mit diesem Prozeß der ›Entzauberung‹ einherging, gleichfalls bewirkt, daß die Herrschaft der Religion über die Gewissen und über die Gesellschaften zurückgedrängt wurde.«[69]

*

Die Ökologie zählt zu den Schicksalsfragen unserer Zeit. Gewiß läßt sich über die echten oder vermeintlichen verheerenden Folgen der Atomkraft streiten, über die Bedrohung durch das »Ozonloch« und die Verschlimmerung des »Treibhauseffekts«. Die Unregelmäßigkeiten in der Klimaentwicklung, die Versteppung und der Rückgang der landwirtschaftlichen Erträge, der saure Regen, der sinkende

Grundwasserspiegel, der Verlust der Artenvielfalt, die Entwaldung und das Schrumpfen der Ackerfläche lassen sich indes nicht leugnen: ebensowenig die Erschöpfung der Fischbestände, die Erosion der Humusschicht und der Pflanzendecke, die regelmäßig von Hochwasser überschwemmten Gebiete, die in Abwasserkanäle verwandelten Flüsse, die Erschöpfung der Kohle- und Erzvorräte, die Auslaugung der Böden infolge des intensiven Einsatzes chemischer Düngemittel. Hans Jonas sagte, »die wahre Gefahr, die die auf den Naturwissenschaften gründende Technologie in sich birgt, liegt weniger in ihren Vernichtungsmitteln als in ihrer alltäglichen friedlichen Nutzung«.[70] Tatsächlich machen sich die Schäden auch überall im Alltagsleben bemerkbar – Verschmutzungen, die sowohl die Lebensräume wie die Arten zerstören, chemische Düngemittel, die ins Grundwasser geraten, Pestizide, Nitrate, Industrieabfälle. Es handelt sich um eine Entwicklung von globaler Reichweite. Sämtliche offiziellen Einrichtungen wissen es: Im Laufe der kommenden Jahrzehnte könnte der gesamten Weltbevölkerung eine Trinkwasserknappheit bevorstehen. Bis 2010 wird die Erde im Vergleich zu 1990 40 Prozent ihrer Waldfläche verloren haben. Kurz gesagt, die Erde verelendet. Sie wird ausgezehrt. Sie wird verschandelt. Zugleich grassieren neue Seuchen, und Krankheiten, die man besiegt glaubte, fordern plötzlich wieder Opfer.

»Man möchte sagen, daß der Mensch auf dem besten Wege ist, sich selber auszurotten, nachdem er den Planeten unbewohnbar gemacht hat«, prophezeite schon der französische Zoologe Jean-Baptiste de Lamarck.[71] Heute hängt die Lebensfähigkeit der gesamten Biosphäre vom menschlichen Handeln ab, und dieses Handeln hat sich auf die Umwelt seit jeher eher negativ als positiv ausgewirkt. Einstmals ging die Natur aus Kriegen zwischen den Menschen stets als Sieger hervor. Inzwischen richten sich die Angriffe gegen sie selber. In den »Friedensjahren« seit 1945 hat die Menschheit dem Planeten schlimmere Zerstörungen zugefügt, als zwei Weltkriege es vermochten. »Früher siegreich, steht die Erde nun als Opfer da« (Michel Serres).

Umweltethik entsteht aus ebendiesem klaren Bewußtsein, daß die heutige Welt eine »volle«, durch und durch vom Menschen gezeichnete

Welt ist: Je weiter sich die Grenze hinausschieben läßt, desto mehr gibt es noch zu erobern. Da sämtliche menschlichen Kulturen in einer Wechselwirkung mit dem Ökosystem der Erde stehen, müssen sie alle gleichermaßen feststellen, daß die uneingeschränkte Expansion, das zum Selbstzweck erklärte Wirtschaftswachstum, die sich unaufhörlich beschleunigende Ausbeutung der natürlichen Ressourcen die Regenerationsfähigkeiten dieses Ökosystems zerstören. In den entwickelten Ländern kommt hinzu, daß die Landwirtschaft ihre Bedeutung als Existenzweise der Mehrheit verloren hat. Das menschliche Zeitempfinden steht seither in keinem Bezug mehr zu den Jahreszeiten und Lebenszyklen. »Schmutzige Arten, Affen und Autofahrer, lassen mir nichts, dir nichts ihren Müll liegen, weil sie den Raum, durch den sie ziehen, nicht bewohnen und deshalb nichts dabei finden, ihn zu beschmutzen.«[72] Wir leben in der Epoche, da das unendliche menschliche Machtstreben an die Grenzen der endlichen Natur stößt. Die Erde ist nur *begrenzt* bewohnbar, und ebendiese Grenzen läuten der Logik des »immer mehr« die Totenglocke. Gleichzeitig helfen sie zu verstehen, daß *mehr* nicht automatisch *besser* bedeutet. Das Aussterben der Dinosaurier mag als Menetekel dienen: Manchmal sind es gerade die Größten, Gewichtigsten, die als erste vom Untergang bedroht sind.

In einer Epoche, in der die offizielle Politik wenig Drang verspürt, langfristig zu denken; in einer Epoche zumal, in der allzu viele Zeitgenossen sich vor allem für momentane Abwechslungen interessieren, ist das Umweltbewußtsein unter den jungen Menschen noch am stärksten ausgeprägt. Das ist verständlich, schließlich geht es um ihre Zukunft. Doch die Umweltbewegung profitiert auch vom Niedergang der politischen Klasse, von der Systemkrise der Institutionen, von der zunehmenden Schwäche des Nationalstaats. Ihr Erfolg geht einher mit der doppelten Enttäuschung der traditionellen Arbeiterschaft über den Verrat, den der Reformsozialismus des »dritten Wegs« an ihr begeht, und der Mittelschicht, deren Interessen nicht mehr mit denen des Finanzkapitalismus übereinstimmen. Sie weist den Weg zu einer größeren Verantwortung und Verantwortlichkeit der einzelnen Bürger, zu mehr demokratischer Mitbestimmung, zu mehr Solidarität innerhalb der Gemeinschaft. In ihr drückt sich symptomatisch die Unfähigkeit der Ideologien wie der klassischen Religionen aus, Antworten auf die Fragen zu finden, die sich im Kontext einer säkularen, urbanen Gesellschaft aus den Widersprüchen der Moderne ergeben. So wird sie zum Prototyp einer »postmodernen« politisch-sozialen Bewegung, die in dieser Form in der Geschichte noch nie dagewesen ist.

Selbstverständlich kann man über Ökologie sehr unterschiedlich geartete Diskussionen führen, je nachdem, ob man sie aus dem Blickwinkel der technischen »Fachkenntnis« betrachtet, ob man bei ihr Weisheit oder Spiritualität sucht oder die Voraussetzungen für eine Erneuerung der sozialen Bindungen erhofft. Einige Eckpunkte sind auf jeden Fall unanfechtbar. Zuvorderst markiert die Ökologie das Ende der Fortschrittsideologie: Die Zukunft birgt mittlerweile mehr Bedrohliches als Hoffnungsvolles. In einem allgemeinen Klima des Niedergangs kritischen Denkens zählt die Ökologie zu den wenigen Strömungen, welche die marktwirtschaftliche Ideologie frontal anzugreifen wagen und das produktivistische Ideal des neuzeitlichen Kapitalismus zu untergraben versuchen. Obendrein überbrückt die Ökologie die alte Kluft zwischen Rechts und Links: Sie richtet sich am »Wertkonservatismus« wie am Erhalt der Umwelt aus, lehnt den liberalen Raubtierkapitalismus ebenso ab wie den marxistischen »Prometheusglauben« und ist doch in ihrer Reichweite wie in ihren Intentionen revolutionär. Sie bricht bewußt und absichtlich mit dem Universum des mechanistischen, analytischen und reduktionistischen Denkens, das sich mit der Entstehung des neuzeitlichen Individuums entwickelt hat, und stellt das Verhältnis des Menschen zur Gesamtheit des Kosmos wieder her, so daß eine heute noch brachliegende Vorstellungswelt sich wieder mit Bedeutung füllt.

1 Das Buch sollte später bei Faber & Faber, London, erscheinen und dann von Stapletons Schüler und Biographen Robert Waller im Verlag The Soil Association neu aufgelegt werden.

2 Vgl. Gunther Schwab, *Der Tanz mit dem Teufel*. Adolf Sponholz, Hannover 1958; Barry Commoner, *The Closing Circle. Nature, Man, and Technology*. New York, Knopf 1971; Barbara Ward, *Only One Earth. The Care and Maintenance of a Small Planet*. New York, Norton 1972; Evelyn G. Hutchinson, *The Ecological Theater and the Evolutionary Play*. Yale University Press, New Haven 1965; Rachel Carson, *Silent Spring*. Houghton Mifflin, Boston, und Riverside Press, Cambridge 1962. Vgl. auch Jean Dorst, *Avant que nature meure*. Delachaux und Niestlé, 1965; ders., *La Nature de-naturé*. Seuil, Paris 1969. Bernard Charbonneau, *Le Jardin de Babylone*. Gallimard, Paris 1969 (Neuauflage Encyclopédie des nuisances, 2002).

3 In Deutschland fand im selben Zeitraum die durch die berühmte Münchner Tagung von 1974 eingeleitete »Tendenzwende« statt, im Zuge deren es zu einer konservativen Erneuerung um Autoren wie Helmut Schelsky, Robert Spaemann, Hermann Lübbe, Günter Rohrmoser, Odo Marquard, Gerd-Klaus Kaltenbrunner kam. Vgl. Clemens von Podewils, *Tendenzwende?* Klett-Cotta, Stuttgart 1975.

4 William F. Baxter, *People or Penguins. The Case for Optimal Pollution*. Columbia University Press, New York 1974; John A. Livingston, »Ethics and Prosthetics«, in: Philip P. Hanson (Hrsg.), *Environmental Ethics. Philosophical and Policy Perspectives*. Institute for the Humanities, Burnaby 1986.

5 Arne Næss, »The Shallow and the Deep, Long-Range Ecology Movement. A Summary«, *Inquiry*, 1973, 1, S. 95–100.

6 Haroun Tazieff, »Plaidoyer pour une écologie responsable«, *Horizons nouveaux*, November 1992, S. 4f.

7 Vgl. John Passmore, *Man's Responsibility for Nature*. Duckworth, London 1974.

8 Vgl. Alain Madelin, »Quelques sains principes d'écologie libérale«, *Lignes de fond*, 3, 1992, S. 17–30.

9 Murray Rothbard, »L'État contre l'environnement«, *Liberalia*, August 1992, S. 14.

10 Alain Laurent, »De l'écolâtrie au néoaniminisme«, ebenda, S. 40.

11 Hinzuzufügen wäre, daß sich von Natur aus nicht alle Güter aneignen lassen. Insbesondere die Privatisierung der Ozeane erweist sich als einigermaßen realitätsferne Hypothese, wenn man die Existenz von Meeresströmungen bedenkt. Weiter sei angemerkt, daß es den Liberalen, die wirtschaftliche Aktivität traditionell als einen Kampf gegen den Mangel definieren, offensichtlich am schwersten fällt, die Vorstellung einer Begrenztheit der natürlichen Ressourcen in

ihre Argumentation zu integrieren. Im übrigen hindert ihre Kritik der »natürlichen Gleichgewichte« sie nicht daran, einer Theorie der »unsichtbaren Hand« anzuhängen, die davon ausgeht, daß eine Gesellschaft ihren Optimalzustand erreicht, wenn nichts ihrem »spontanen« Funktionieren im Weg steht.

12 Aldo Leopold, »The Land Ethic«, in: *A Sand County Almanach*. Oxford University Press, New York 1966, S. 217–241.

13 Hier kann man von einem Festhalten am »Humanismus« ausgerechnet innerhalb des anti-anthropozentrischen Bestrebens sprechen. Diese Unterscheidung hat insbesondere Guillaume Bourgeois betont, der in seiner Kritik an Luc Ferrys Fehldeutungen des Denkens von Hans Jonas schreibt: »Als Humanismus kann man eine Doktrin oder ein philosophisches System definieren, das den Wert der menschlichen Person behauptet und deren Entfaltung anstrebt [...]. Der Anthropozentrismus läßt sich als Doktrin definieren, die den Menschen zum Mittelpunkt und Zweck aller Dinge macht. Im Gegensatz zum Humanismus, der den Menschen als Menschen wertschätzt, tut der Anthropozentrismus dies im Verhältnis zu der Gesamtheit, innerhalb derer er lebt, das heißt er setzt ihn in eine gegensätzliche Beziehung zu dieser Gesamtheit.« Der Anthropozentrismus verorte somit den Menschen »in einer Welt, die keinerlei Eigenwert mehr hat abgesehen von solchen, die geeignet sind, den menschlichen Interessen zu dienen« (»L'écologie, une résponssabilité humaniste?«, *Esprit*, Dezember 1993, S. 179). Luc Ferrys Irrtum liege darin, nicht verstanden zu haben, daß Jonas »schlicht und einfach« behaupte, »daß eine Menschheit, die diesen Namen verdient hat, ihre Verantwortlichkeit über den Menschen selber hinaus ausweiten muß, das heißt ihre Umwelt achten, weil sie Teil ihrer Menschlichkeit ist« (ebenda, S. 178).

14 Vgl. dazu Paul W. Taylor, *Respect for Nature. A Theory of Environmental Ethics*. Princeton University Press, 1986; Christopher Stone, *Earth and Other Ethics. The Case for Moral Pluralism*. Harper & Rowe, New York 1987.

15 *Deep Ecology. Living as if Nature Mattered*. Peregrine Smith Books, Salt Lake City, 1985, Vorwort, S. IX. Zur Tiefenökologie vgl. auch Bill Devall, »The Deep Ecology Movement«, *Natural Resources Journal*, April 1980, S. 299–322; L. P. Hinchman und S. K. Hinchman, »›Deep Ecology‹ and the Revival of Natural Right«, *Western Political Quarterly*, 1989, 3, S. 201–228; Michael Tobias (Hrsg.), Deep Ecology. Avant Books, San Diego 1985; Alan R. Drengson, »A Critique of *Deep Ecology*?«, in: Brenda Almond und Donald Hill (Hrsg.), *Applied Philosophy. Morals and Metaphysics in Contemporary Debate*. Routledge, London 1991. Zur Umweltbewegung

in den USA vgl. Philip Shabecoff, *A Fierce Green Fire. The American Environmental Movement*. Hill & Wang, New York 1993.

16 Giovanni Filoranno, »Métamorphoses d'Hermès. Le sacré ésotérique d'Écologie profonde«, in: Danièle Hervieu-Léger (Hrsg.), *Religion et écologie*. Cerf, Paris 1993, S. 140.

17 Dominique Bourg, »Droits de l'homme et écologie«, *Esprit*, Oktober 1992, S. 81.

18 Arne Næss, *Self-Realization. An Ecological Approach to Being in the World*. Keith Memorial Lecture, Murdoch University Press 1986. Vom selben Verfasser: »The Shallow and the Deep, Long-Range Ecology Movement«, a. a. O.; »A Defence of the Deep Ecology Movement«, *Environmental Ethics*, Herbst 1984, S. 265–270; »The Deep Ecology Movement. Some Philosophical Aspects«, *Philosophical Inquiry*, 1986, S. 14; »The Deep Ecology Movement«, in: S. Lupov-Foy (Hrsg.), *Problems of International Justice*. Westview, Boulder 1988, S. 144–148; *Ecology, Community and Lifestyle*. Cambridge University Press, Cambridge 1989; »Huit thèses sur l'Écologie profonde«, *Krisis*, September 1993, S. 24–29.

19 »Wenn man sich in einem Zustand der vollkommenen Selbstverwirklichung befindet«, schreibt Alan R. Drengson, »tut man spontan das, was im ökologischen Sinn einvernehmlich und im gesellschaftlichen Sinn wohltätig ist« (a. a. O., S. 45). Manchen Autoren geht die Tiefenökologie in dieser Hinsicht übrigens nicht weit genug. Henry Skolimowski fordert etwa, sie um eine echte Kosmologie und sogar eine Eschatologie im Sinne Teilhard de Chardins und Henri Bergsons zu ergänzen. Vgl. Henri Skolimowski, *Eco-Philosophy. Designing New Tactics for Living*. Marion Boyers, London 1984; ders., *Eco-Theology. Toward a Religion for Our Times*. Eco-Philosophy Center, Ann Arbor 1985; ders. »Eco-Philosophy and Deep Ecology«, *The Ecologist*, 1988, 4–5, S. 124f., und die Erwiderung von Arne Næss, »Deep Ecology and Ultimate Premises«, ebenda, S. 128-131.

20 Zu den Unterzeichnern zählten Henri Atlan, Marc Augé, Raymond Barre, Pierre Bourdieu, Henri Caillavet, François Dagognet, Gérard Debreu, Umberto Eco, François Gros, Eugène Ionesco, Henri Laborit, Hervé Le Bras, Wassily Leontieff, André Lichnerowitz, Linus Pauling, Jean-Claude Becker, Jacques Ruffié, Jonas Schalk, Evry Schatzman, Lionel Stoléru, Haroun Tazieff, Elie Wiesel, Etienne Wolff u. a.

21 Vgl. *La Recherche*, Dezember 1992, S. 1 434f. Laut André Langaney nahm der Heidelberger Appell lediglich bestimmte Übertreibungen der Umweltschutzbewegung zum Vorwand, »um dem wildgewordenen Liberalismus und der Einmischung des industriellen Systems in Wissenschaft und Bildung bedingungslose Unterstützung zu versichern« (»La cécité absolue d'une bande d'autruches«, *Libération*, 12. Juni 1992, S. 5). »Ich glaube«, ergänzt der Ökologieprofessor Vincent Labeyrie, »daß der Streit um den Heidelberger Appell aus der Durchdringung des neuzeitlichen Denkens durch den Positivismus resultiert mitsamt der Übernahme des produktivistischen Postulats von Jules Ferry, und zwar nicht allein in den Gesellschaften des triumphierenden Privatkapitalismus, sondern auch in den Ländern des Staatskapitalismus« (»Science et progès«, *M*, Dezember 1992, S. 61).

22 Experten schätzen, daß im Jahr 2025 auf der Erde zwischen 7,5 und 9,5 Milliarden Menschen leben werden, heute sind es etwa sechs Milliarden. Vorhersagen gestalten sich allerdings schwierig, da der weitere Verlauf des »demographischen Wandels« nicht genau abzusehen ist, der seit der zweiten Hälfte der 1960er Jahre bereits echte Verlangsamungen bewirkt hat, und zwar selbst in Ländern wie Indien, Brasilien, Algerien, Indonesien, Mexiko oder dem Iran. Zum anderen ist die Beziehung zwischen demographischem Wachstum und Umweltzerstörung zwar sicher nachweisbar, aber auch relativ: Gerade die reichsten Länder, wo die Geburtenraten am niedrigsten liegen, sind derzeit die übelsten Verschmutzer (und zugleich diejenigen Länder, in denen die Verschmutzung am schlimmsten ist).

23 »L'écologie, nouvel âge de l'impérialisme ou véritable chance de développement?«, *L'Événement européen*, September 1992, S. 197–199.

24 Ebenda, S. 205.

25 Alain Laurent, »De l'ecolâtrie au néoanimisme«, a. a. O., S. 24.

26 Marc Fornacciari, »L'écologie ou la pensée 90«, *Commentaire*, Frühjahr 1993, S. 172.

27 Haroun Tarzieff, »Plaidoyer pour une écologie responsable«, *Horizons nouveaux*, November 1992, S. 4f.

28 Mircea Eliade, *La nostalgie des origines. Méthodologie et histoire des religions*. Gallimard, Paris 1971. (Dt.: *Die Sehnsucht nach dem Ursprung. Von den Quellen der Humanität*. Suhrkamp, Frankfurt 1976, S. 238.)

29 Mircea Eliade, *Le Sacré et le Profane*. Gallimard, Paris 1965 (dt.: *Das Heilige und das Profane. Vom Wesen des Religiösen*. Rowohlt, Hamburg 1957, S. 96f.)

30 »Die Zauberinnen sollst du nicht leben lassen« (2. Buch Mose 22,17).

31 Der Mensch wird zum »Gast auf Erden« (Psalm 119, 19).

32 Vgl. Jeremy Cohen, *»Be Fertile and Increase, Fill the Earth and Master It«. The Ancient and Medieval Career of a Biblical Text*. Cornell University Press, Ithaca/ New York 1989, eine äußerst ge-

lehrte Abhandlung über die Wirkungsgeschichte des bekannten Bibelverses.

33 Éric Smilévitch (Hrsg.), *Leçons des Pères du monde. Pirqé Avot et Avot de Rabbi Nathan*. Verdier, Lagrasse 1983, S. 41.

34 Catherine Chalier, »L'alliance avec la nature selon la tradition hébraïque«, in: Danièle Hervieu-Léger (Hrsg.), *Religion et écologie*. Cerf, Paris 1993, S. 17. Von derselben Verfasserin vgl. *L'Alliance avec la nature*. Cerf, Paris 1990.

35 Ebenda. Vgl. auch Steven Schwarzschild, »The Unnatural Jew«, *Environmental Ethics*, Winter 1984, S. 349–362, der das Judentum als »Verweigerung der Natur« bezeichnet. Aus katholischer Sicht vertritt Antonio Cianciullo einen ähnlichen Standpunkt in *Atti Contro natura. La salvezza dell'ambiente e i suoi falsi profeti*. Feltrinelli, Mailand 1992.

36 »The Historical Roots of Our Ecological Crisis«, *Science*, 1967, S. 1203–1207, nachgedruckt in: Ian G. Barbour (Hrsg.), *Western Man and Environmental Ethic. Attitudes Toward Nature and Technology*. Addison-Wesley, 1973, S. 28–30. dt. »Die historischen Wurzeln unserer ökologischen Krise«, in: Michael Lohmann (Hrsg.), *Gefährdete Zukunft. Prognosen anglo-amerikanischer Wissenschaftler*. München, 1970, S. 20–29.

37 Ebenda, S. 67. Vgl. auch Daniel Worster, *Les pionniers de l'écologie. Une histoire des idées écologiques*. Sang de la Terre, 1992.

38 René Dubos, *Les Dieux de l'écologie*. Fayard, 1973, S. 116–120. Vgl. auch Robert Gordis, »Judaism and the Spoliation of Nature«, *Congress Bi-Weekly*, 2. April 1971, S. 9–12; und vor allem D. L. Eckberg und T. J. Blocker, »Varieties of Religious Involvement and Environmental Concerns. Testing the Lynn White Thesis«, *Journal for the Scientific Study of Religion*, 1989, 4, S. 509–517.

39 Dominique Bourg (Hrsg.), *Les sentiments de la nature. Découverte*, Paris 1993. Vgl. auch Danièle Hervieu-Léger (Hrsg.), a. a. O.; Pierre Chambat, »Nature, religiosité et écologie«, *Esprit*, Oktober 1993, S. 188–193; und *L'écologie*, Sonderheft von *Communio*, Mai/Juni 1993.

40 Mircea Eliade, *Fragments d'un journal I, 1945-1969*. Gallimard, Paris 1973, S. 302, 328 und 402.

41 Michel Serres, *Le Tiers-instruit*. François Bourin, 1991, S. 180.

42 Jean-Marie Rouart, »Menace«, *Le Figaro littéraire*, 3. Dezember 1993, S. 1. »Drewermann zufolge«, fügt Claude Jannoud hinzu, »hat das Christentum niemals seine anthropozentrischen Ansprüche überdenken wollen. Daraus erklärt sich die Verachtung gegenüber den anderen Arten von Lebewesen, die als Gegenstände angesehen werden, denen man nach Belieben Frondienste abverlangen darf, weil ihnen die Unsterblichkeit abgesprochen

wird« (ebenda, S. 3). Vgl. Eugen Drewermann, *Der tödliche Fortschritt. Von der Zerstörung der Erde und des Menschen im Erbe des Christentums*. Pustet, Regensburg 1990; sowie ders., *Über die Unsterblichkeit der Tiere: Hoffnung für die leidende Kreatur*. Walter-Verlag, Olten/Freiburg im Breisgau 1992.

43 Lynn White jr., a. a. O.

44 Vgl. vor allem Sigrid Hunke, *Europas andere Religion. Die Überwindung der religiösen Krise*. Econ, Düsseldorf 1969; H. J. Werner, *Eins mit der Natur. Mensch und Natur bei Franz von Assisi, Jakob Böhme, Albert Schweitzer, Teilhard de Chardin*. C. H. Beck, München 1986; Raoul Vaneigem, *Le Mouvement du Libre-Esprit*. Ramsay, 1986; ders., *La résistance au christianisme. Les hérésies, des origins au XVIIIe siècle*. Fayard, 1993. In Deutschland ist der Einfluß Meister Eckarts auf Umweltethiker wie Rudolf Bahro unverkennbar.

45 Giovanni Filoramo, »Métamorphoses d'Hermès. Le sacré ésotérique d'Écologie profonde«, in: Danièle Hervieu-Léger (Hrsg.), a. a. O., S. 138.

46 Zweifelsohne ist es kein Zufall, daß das Konzil, das die Jungfrau Marie im 5. Jahrhundert zur »Mutter Gottes« erklärte, in Ephesos stattfand, dem Mittelpunkt des Kultes der Göttin Artemis.

47 Jean Viard, *Le Tiers Espace. Essai sur la nature*. Méridiens-Klincksieck, 1990. Vgl. auch ders., »Protestante, la nature?« in: A. Cadoret (Hrsg.), *Protection de la nature: histoire et idéologie. De la nature à l'environnement*. L'Harmattan, 1986.

48 Vgl. François-Georges Dreyfus, »Écologie et religion«, *La Revue politique indépendante*, September 1993, S. 23–27.

49 Die Unterschiede im Verhältnis zur Natur (und zu den Tieren) zwischen Nord- und Südeuropa werden häufig Unterschieden in der Mentalität und Empfindsamkeit zugeschrieben. Manche Südländer machen sich gerne über die »Gefühlsduselei« und »Zoophilie« nordeuropäischer Umweltethiker lustig und halten ihnen die Traditionen der Jagd entgegen, die sowohl ein ländliches Gemeinschaftsgefühl erzeugten als auch für den Erhalt natürlicher Gleichgewichte sorgten. Arne Næss, der Vordenker der Tiefenökologie, unterscheidet seinerseits zwischen dem »natürlichen« Umweltbewußtsein der nordischen Staaten, wo Umweltschutz einen Selbstzweck darstelle, und dem »sozialen« Umweltbewußtsein in den Mittelmeerländern, die dazu neigen, ihm eine Kritik der politischen und gesellschaftlichen Verhältnisse voranzustellen (»The Basis of Deep Ecology«, *Resurgence*, 1988, 126, S. 4–7). Zwar zeitigte die ökologische (ebenso wie die feministische) Bewegung zweifellos in den nordeuropäischen Regionen, in denen sich das Christentum erst mit Verspätung durchsetzte, nicht nur größere Erfolge als im Süden, sondern kam auch früher auf. Daraus lassen sich jedoch

kaum gesicherte Schlußfolgerungen ziehen. In Deutschland ist die Wählerschaft der Grünen heute zu 53 Prozent protestantisch und immerhin zu 36 Prozent katholisch.

50 Der am häufigsten zitierte Vers der Schöpfungsgeschichte ist derjenige, in dem es heißt: »Und Gott der HERR nahm den Menschen und setzte ihn in den Garten Eden, daß er ihn baute und bewahrte.« (1. Mose 2,15) Allerdings geht diese Episode zeitlich dem Sündenfall voraus. Der Gedanke, daß der Mensch erwachen müsse, um seine Rolle in einer »Kollaboration mit Gott« am Schöpfungswerk zu erfüllen, ist aus theologischer Sicht keineswegs unumstritten.

51 Vgl. Aubrey Rose (Hrsg.), *Judaism and Ecology*. Cassell, London, 1992.

52 Diese Bibelstelle (5. Mose 20,19), in der es um Kriegsgesetze geht, vertritt eine rein utilaristische Sicht. Weiter heißt es dort: »Welches aber Bäume sind, von denen du weißt, daß man nicht davon ißt, die sollst du verderben und ausrotten«. Die vorausgehenden Verse (5. Mose 20, 16-17) enthalten nachdrückliche Anweisungen, die in eklatantem Widerspruch zu den Grundsätzen der Humanökologie stehen: »Aber in den Städten dieser Völker, die dir der HERR, dein Gott, zum Erbe geben wird, sollst du nichts leben lassen, was Odem hat, sondern sollst sie verbannen, nämlich die Hethiter, Amoriter, Kanaaniter, Pheresiter, Heviter und Jebusiter, wie dir der HERR, dein Gott, geboten hat«. Der Feiertag Tu Bishvat, der am 15. Tag des Monats Chevat begangen wird, ist »der einzige jüdische Feiertag mit landwirtschaftlichem Hintergrund, das keine theologischen Grundlagen hat« (Pierre Cain, »L'écologie: un devoir biblique«, *Tribune juive*, 20. Januar 1994, S. 13). Offenbar beschlossen die Kabbalisten von Safed ab dem 16. Jahrhundert, ihm eine besondere Feierlichkeit zu verleihen. An diesem Feiertag liest man Auszüge aus dem Zohar, die von Pflanzen handeln, sowie Stellen aus dem Talmud und der Tora, in denen es um Saaten und Anpflanzungen geht.

53 Vgl. René Coste und Jean-Pierre Ribaut (Hrsg.), *Les Nouveaux Horizons de l'écologie. Dans la sillage de Rio*, Centurion 1993, S. 26, 35 und 37. Vgl. S. McDonagh, The Greening of the Church. Geoffrey Chapman, London 1990; Ian Bradley, *God is Green*. Darton Longman & Todd, London 1990, und Doubleday, New York 1992; Loren Wilkinson (Hrsg.), *Earthkeeping in the '90s. Stewardship of Creation*. Eerdmans, Grand Rapids 1992.

54 Enzyklika *Centesimus annus*, Kapitel 37. Derselbe Standpunkt wurde bereits in der Enzyklika *Sollicitudo rei socialis* von 1987 vertreten.

55 »Religion et écologie, une problèmatique à construire«, in: Danièle Hervieu-Léger (Hrsg.), a. a. O.

56 Jacques Grinevald, »Une écologie très subjective«, *Transversales science/ culture*, Nr. 18, S. 13.
57 Danièle Hervieu-Léger, a. a. O., S. 11.
58 René Dubos, *Les Dieux de l'écologie*, a. a. O., S. 20. Der Originaltitel des Buches lautet *A God Within* (»Ein innerer Gott«).
59 Rupert Sheldrake, *The Rebirth of Nature*, a. a. O. (dt.: *Die Wiedergeburt der Natur. Wissenschaftliche Grundlagen eines neuen Verständnisses der Lebendigkeit und Heiligkeit der Natur*. Scherz Verlag, Bern/München/Wien 1990, S. 235.
60 *Le Contrat naturel*, a. a. O., S. 81.
61 Michel Serres, *Le Tiers-instruit*, a. a. O., S. 181.
62 Michel Serres, ebenda, S. 229f.
63 Das Wort »Verschmutzung« (franz. *pollution*) hat seinen Ursprung im Kirchenlatein und demzufolge seinerseits eine religiöse Bedeutung.
64 »Spirituelle Gemeinschaft als soziale Intervention«, in: Jockel und B. Maier (Hrsg.), *Radikalität im Heiligenschein*. Herzschlag, Berlin 1984. Vgl. auch Erich Fromm, *Zen-Buddhismus und Psychoanalyse*. Suhrkamp, Frankfurt 1970.
65 Peter Sloterdijk, *Kritik der zynischen Vernunft*. Suhrkamp, Frankfurt 1983, und *Eurotaoismus. Zur Kritik der politischen Kinetik*. Suhrkamp, Frankfurt 1989; Hans Blumenberg, *Arbeit am Mythos*. Suhrkamp, Frankfurt 1979.
66 Hans Peter Duerr, *Traumzeit. Über die Grenze zwischen Wildnis und Zivilisation*. Suhrkamp, Frankfurt 1978 und 1985.
67 Manon Maren-Grisebach, *Philosophie des Grünen*. Olzog, München 1982.
68 Michael Ende, *Momo*. K. Thienemann, Stuttgart 1973; Sten Nadolny, *Die Entdeckung der Langsamkeit*. R. Piper, München 1985.
69 Danièle Hervieu-Léger, a. a. O., S. 10.
70 Hans Jonas, *Libération*, 12./13. Dezember 1992, S. 32.
71 Jean-Baptiste de Lamarck, *Système analytique des connaissances positives de l'homme*, 1820.
72 Michel Serres, *Le Contrat naturel*, a. a. O., S. 53.

Die Natur und ihr »Eigenwert«

Wie in vielen anderen Ländern gründet sich das Umweltbewußtsein in den USA ganz wesentlich auf eine ökologische Ethik. Holmes Rolston III definiert diese in ihrer Primärbedeutung, wie sie sich von dem Augenblick an ergibt, in dem »die Menschen sich Fragen stellen, die sich nicht mehr einfach auf die umsichtige Nutzung, sondern auf den Respekt und die Pflichten [gegenüber der Natur] beziehen«: »Daß eine ökologische Ethik unabdingbar ist«, so heißt es weiter, »kann nur bezweifeln, wer an keinerlei Ethik glaubt.«[1] Holmes Rolston III verdeutlicht, daß sich eine solche Ethik nicht auf moralische Grundsätze bezüglich des Verbrauchs der natürlichen Ressourcen beschränken dürfe. Eine Umweltethik ist also keine Ethik *für die Nutzung* der Umwelt. Vielmehr weist sie noch über die menschlichen Pflichten gegenüber der Natur hinaus und will zur Herstellung einer neuartigen Beziehung des Menschen zur Natur beitragen.

Die Umweltethik steht demnach von vornherein in einem antagonistischen Verhältnis zum utilitaristischen oder instrumentellen Naturverständnis. Dabei mag sich letzteres als Gleichgültigkeit gegenüber ökologischen Fragen niederschlagen oder aber als deren Berücksichtigung allein unter dem Gesichtspunkt ihrer Anpassung an das Axiom des Eigennutzes. Ebendiesen utilitaristischen Naturbegriff brachte kurz nach dem Zweiten Weltkrieg der erste Leiter der US-Forstverwaltung, Gifford

Pinchot, auf den Punkt, indem er erklärte, »auf dieser materiellen Welt gibt es nur zwei Dinge: Menschen und natürliche Ressourcen« – wobei die »natürlichen Ressourcen« selbstverständlich für den Menschen nur insofern einen Wert hatten, als sie sich zu Besitz machen ließen.[2] Indes formulierte zur selben Zeit Aldo Leopold, den die amerikanische Umweltbewegung heute als einen ihrer Vordenker anerkennt, bereits einen Gegenpol zu dieser Weltsicht. »Etwas ist gut«, urteilte er, »sofern es geeignet ist, die Unversehrtheit, Stabilität und Schönheit der biotischen Gemeinschaft zu bewahren. Es ist schlecht, sofern es dies nicht ist.«[3]

Erste Debatten um eine Umweltethik entstanden in den USA offensichtlich unter dem Eindruck der berühmten Bilder von der Erdumkreisung am Heiligabend 1968. Ab diesem Datum gaben sich die Ökologen nicht länger damit zufrieden, die Beziehungen zwischen Mensch und Natur in den Begriffen einer Kosten-Nutzen-Rechnung zu analysieren. Im Gegenteil begannen sie sich zu fragen, ob derartige Analysen nicht vielmehr zu den Problemen beitrugen, mit denen sie sich konfrontiert sahen. Aus dieser Einsicht heraus bemühten sie sich um eine philosophische Begründung ihres Standpunkts. Zunächst näherten sie sich dem Problem aus juristischem Blickwinkel, nämlich gemäß der angelsächsischen Tradition, die das Recht zuvorderst als ein Mittel zur Verteidigung von Interessen versteht. Daraus entstand die Vorstellung von »Rechten«, die für natürliche Einheiten wie Tieren oder Pflanzen geltend gemacht werden. Während der siebziger und frühen achtziger Jahre erfuhr die Forderung nach Rechten für Tiere und/oder für die Natur erheblichen Zuspruch.[4] Allerdings stellte sich bald heraus, daß die gesamte zu diesem Thema veröffentlichte Literatur weder in der Lage war, eine überzeugende einheitliche Theorie zu formulieren noch Antworten auf die Mehrzahl der Fragen zu geben, die sie selber aufwarf. Einige Autoren gaben dementsprechend den Versuch einer Rechtserweiterung auf, der zumeist in eine Art Panjuridismus mündete, und erkundeten einen anderen Lösungsansatz. Ihrer Meinung nach bestand der beste Weg, der utilitaristischen Weltsicht aus ökologischer Perspektive zu widersprechen, in der Behauptung eines *Eigenwerts* der Natur jenseits ihrer Wahrnehmung durch den Menschen.

So erläuterte J. Baird Callicott, mit Hilfe einer solchen Theorie des Eigenwerts (*intrinsic value*) der Natur komme man weg vom wirtschaftlichen Utilitarismus und von »Kosten-Nutzen-Analysen, bei denen der natürliche Wert ästhetischer, religiöser oder epistemischer Erfahrungen, weil er keinen Preis hat, gegen Null geht gegenüber dem beträchtlichen materiellen und wirtschaftlichen Nutzen, den die Entwicklung und Erschließung bringt«.[5] Callicott beruft sich auch auf Tom Regan, der seit langem der Auffassung sei, daß »die Entwicklung einer Umweltethik im eigentlichen Sinn es erforderlich macht, die Existenz eines der Natur inhärenten Werts zu postulieren«. Dahinter steht der Gedanke, daß die Umweltethiker ihr Ziel nur dann legitim verfolgen können, wenn sie die Natur *um ihrer selbst willen* verteidigen.

Historisch und philosophiegeschichtlich betrachtet sind Überlegungen zum Eigenwert keineswegs neu.[6] Eine monistische Variante findet sich etwa im Hedonismus, der davon ausgeht, daß allein angenehmen Erfahrungen ein Eigenwert zuzumessen sei. Daneben gibt es pluralistische Formulierungen wie die Philosophie George Edward Moores (1873–1953). Manche kommen in Gestalt von Lehren über Geisteszustände daher, andere als Lehren über den Zustand der Dinge (wobei letztere die ersteren beinhalten können). In manchen wird der Eigenwert zum alleinigen Fundament der moralischen Verpflichtung oder sogar zum Selbstzweck (in dem Sinn, in dem Kant autonome, rational handelnde Akteure als Selbstzweck betrachtete), andere wiederum lassen verschiedene Begründungen gelten. Alle diese Lehren unterscheiden sich zudem in der Frage, welchen Typen oder Arten von Dingen sie einen Eigenwert zuerkennen.

Im umweltethischen Diskurs wird der Begriff des Eigenwerts im allgemeinen in drei verschiedenen Auslegungen verwendet, deren Formulierungen freilich nicht sonderlich exakt sind. Zum einen wird er synonym für den nicht-instrumentellen Wert gesetzt: Eine Sache hat einen Eigenwert, wenn sie sich nicht als Mittel zu einem bestimmten Zweck instrumentalisieren läßt. Dies ist die klassische Definition des Guten-ansich, das seinen eigenen Zweck bildet. Diesen Standpunkt vertritt Arne Næss, wenn er schreibt: »Das Wohlergehen des nichtmenschlichen Lebens auf der Erde hat einen Wert in sich. Dieser Wert ist unabhängig von jeglicher instrumentellen Nützlichkeit für begrenzte menschliche Zwecke.«[7] Eine zweite Auslegung versteht den Eigenwert als den Wert, den eine Sache allein aufgrund der ihr *innewohnenden* Eigenschaften hat, unabhängig von dem instrumentellen Nutzen, der sich eventuell aus ihr ziehen läßt. Hier wird also unterschieden zwischen den dem betreffenden Objekt innewohnenden Eigenschaften und seinen Eigenschaften *im Verhältnis zu anderen Objekten*. Erstere werden entweder als Eigenschaften definiert, die in einem Objekt unabhängig von der Existenz oder Nichtexistenz anderer Objekte bestehen, oder als Eigenschaften, die sich ohne Bezugnahme auf irgendein anderes Objekt erfassen und beschreiben lassen.[8] Drittens kann der Begriff des Eigenwerts auch als Synonym für den absoluten Wert benutzt werden. Dann benennt er den Wert, den ein Objekt unabhängig von jeder von außen an es herangetragenen Bewertung hat. Letztere Auslegung wird häufig zu Unrecht mit der ersteren verwechselt.[9]

Streng genommen ist nur die erste Auslegung brauchbar. Die zweite ist in mancherlei Hinsicht trivial und zudem mit einigen spezifischen Problemen behaftet. In ihrer umweltethischen Formulierung besagt sie, die Natur müsse nicht aufgrund ihrer Eigenschaften im Verhältnis zu anderen Objekten, sondern allein aufgrund der ihr innewohnenden Eigenschaften respektiert werden. Indes kann eine natürliche Einheit ihren Wert durchaus aus ihrem Verhältnis zu anderen Objekten, ja sogar aus seinem Verhältnis zum Menschen beziehen, ohne daß dieser Wert in irgendeiner Weise mit einem instrumentellen Wert zu verwechseln ist. Hier läßt sich das Beispiel der bedrohten Arten oder der unberührten (»wilden«) Natur anführen. Eine bedrohte Art ist der Definition nach eine Art, die selten geworden ist. Was selten ist, läßt sich indes nur im Vergleich zu dem feststellen, was häufig vorkommt. Somit ist Seltenheit eine äußerst verhältnismäßige Eigenschaft. Daraus folgt, daß die Ökologie durchaus einer verhältnismäßigen Eigenschaft Wert beimessen kann, ohne gleich dem Axiom des Nutzens zu verfallen. Dieselbe Feststellung läßt sich auch im Negativen treffen: Die Behauptung, die jungfräuliche Natur habe »Wert, weil sie nicht von der Hand des Menschen berührt worden ist, läuft auf die Aussage hinaus, daß ihr Wert von einer Beziehung zum Menschen und seiner Aktivität herrührt. Die unberührte Natur hat nur aufgrund von deren Abwesenheit einen Wert.«[10]

Die schwierigsten grundsätzlichen Fragen wirft jedoch eindeutig die dritte Auslegung auf. Hier wird der Eigenwert der Natur emphatisch als ein vom Menschen vollkommen unabhängiger Wert postuliert. So stellt sich dieselbe Frage wie bei jeder objektivistischen Wertetheorie: Wie kann ein Wert ohne Bewertung existieren, ohne ein Subjekt also, das imstande ist, eine solche Bewertung vorzunehmen? Beinhaltet die Anerkennung eines Werts nicht eine ihr vorausgehende Bewertung? Und wie kann die Behauptung eines derartigen Werts den Charakter einer moralischen Verpflichtung haben, stellt sie doch eindeutig eine metamoralische Aussage dar?

Diese Frage wird in der Regel mit dem Hinweis auf die natürliche Ordnung beantwortet. Aus der Tatsache eines geordneten Kosmos wird der Schluß gezogen, daß der Mensch diese Ordnung respektieren muß, die unabhängig von ihm existiert. »Eine der wichtigsten moralischen Fragen, die im Laufe der letzten Jahrzehnte aufgekommen sind«, so D. Worster dazu, »lautet, ob die Natur eine Ordnung, ein Modell bestätigt und wir Menschen die Pflicht haben, es zu verstehen, zu respektieren und zu bewahren. Es ist dies die wesentliche Frage, die die Umweltbewegung in vielen Ländern aufwirft. Diejenigen, die diese Frage bejahen, glauben auch, daß einer solchen Ordnung ein Eigenwert innewohnt, daß ihr Wert also nicht allein vom Menschen herrührt, sondern daß er unabhängig von uns existieren kann, daß er nicht ausschließlich etwas ist, das wir gewähren. Umgekehrt neigen diejenigen, welche die Frage verneinen, dem instrumentalistischen Lager zu. Sie betrachten die Natur als ein Vorratslager an ›Ressourcen‹, die planbar und nutzbar sind, die keinen anderen Wert haben als jenen, den bestimmte Menschen ihnen geben.«[11]

Auffällig ist, daß die Vorstellung von einem Eigenwert der Natur hier dem Lager der Bejaher zugeschrieben wird, während nach der ersten und zweiten Auslegung Worsters Frage zu verneinen wäre. Worster deutet überdies an, daß die Leugnung einer natürlichen Ordnung, deren Wert unabhängig ist von menschlichen Wertsetzungen, darauf hinauslaufe, der Natur lediglich einen instrumentellen Wert zuzusprechen. Diese weitverbreitete Meinung ist in Wirklichkeit keineswegs offensichtlich. Sie kommt der Behauptung gleich, sobald ein Verhältnis zwischen Mensch und Natur bestehe, könne dieses Verhältnis nur ein instrumentelles sein, ja der Mensch könne sich Rechte (niemals Pflichten) einzig gegenüber demjenigen zuerkennen, das er wertschätzt. Somit mündet sie in einer nicht-anthropozentrischen Vorstellung des Eigenwerts.

Die nicht-anthropozentristischen Eigenwert-Lehren fallen in zwei Kategorien: die objektivistische, »harte« Version, wie sie vor allem von Paul W. Taylor[12] und Holmes Rolston III[13] vertreten wird, und die gemäßigtere subjektivistische Version, deren Hauptvertreter J. Baird Callicott ist.[14]

Die objektivistische Version manifestiert sich in modernen Ethiken kantischen Typs, die danach trachten, allgemeingültige Regeln aufzustellen, die der Mensch zu befolgen hat, ohne daß er in seinem persönlichen Gewissen von ihnen überzeugt sein muß. (Im Gegensatz dazu verlangten die traditionellen Tugendethiken, daß der Mensch einen moralisch guten Charakter entwickelte, da nur ein moralisches Wesen moralisch handeln könne.) Dieser Ansicht nach ist der Eigenwert der Natur »objektiv« gegeben – Holmes Rolston III, der sich auf den Neodarwinismus beruft, vergleicht ihn mit den »Gesetzen der Evolution«. Da dieser Wert unabhängig vom Menschen existiert, etabliert er sich jenseits von individuellen Urteilen oder kulturellen Idealen. Paul W. Taylor macht die Pflicht zum Erhalt der Natur sogar für solche Kulturen geltend, die eine solche Verpflichtung ausdrücklich leugnen.[15] Dahinter steht die Befürchtung, das gegenwärtige Umweltempfinden könne eines Tages verschwinden: »Was würde passieren, wenn die Menschen die Natur nicht länger schön finden?« Ihr Korrelat ist, wie auch Holmes Rolston aufzeigt, daß nur ein einziger Eigenwert existiert.

Die subjektivistische Variante ist hingegen von der Erkenntnis getragen, daß Wertschätzung stets einen Akt des menschlichen Bewußtseins voraussetzt. Diese Theorie behauptet immer noch einen von menschlicher Aktivität unabhängigen Eigenwert der Natur, räumt jedoch ein, daß dieser Wert ihr nur von mit einem Bewußtsein ausgestatteten Wertsetzer zuerkannt werden kann. Dieser *zugeschriebene* Wert wird meist als »inhärenter Wert« statt als Eigenwert bezeichnet. Aus diesem Ansatz folgt, daß der durch menschliche Wertschätzung entstandene inhärente Wert der Natur großenteils epochen- und kulturabhängig ist.

J. Baird Callicott, der der Tiefenökologie recht nahesteht, ohne sich vollkommen mit ihr zu identifizieren, versuchte dem Begriff des Eigenwerts zunächst innerhalb eines subjektivistischen Rahmens die größtmögliche Objektivität zu verleihen, indem er sich auf Charles Darwin und David Hume berief. Ab 1985 gelangte er jedoch zu der Einschätzung, daß seine ursprüngliche Theorie allzusehr der für den von Descartes und Newton geprägten Mechanismus kennzeichnenden Unterscheidung zwischen Objekt und Subjekt verhaftet war. Mit Hilfe der Erkenntnisse der modernen Physik, insbesondere der Quantenlehre, sowie der Thesen der »neuen Physik« (Frithjof Capra) bemühte er sich um eine andere Formulierung.[16] Seine These lautet, der Eigenwert werde der natürlichen Welt von Menschen verliehen, die sie um ihrer selbst willen wertschätzen und nicht unter Berücksichtigung ihres Eigennutzes. Die Wertsetzung bleibt also eine menschliche, aber der dadurch erzeugte Wert ist kein anthropozentrischer. Somit definiert Callicott den inhärenten Wert als »den virtuellen Wert der Natur, der durch Wechselwirkung mit dem Bewußtsein zu einem tatsächlichen wird«.[17] Er fügt hinzu, daß dieser Wert *anthropogen*, aber nicht anthropozentrisch ist. »Ich gebe zu«, schreibt er, »daß die *Quelle* jeglichen Werts das menschliche Bewußtsein ist, aber daraus folgt nicht, daß der *Ort* jedes Werts das Bewußtsein selber oder eine seiner Modalitäten wie der Genuß, die Erkenntnis oder die Vernunft wäre. Mit anderen Worten, etwas kann dadurch einen Wert bekommen, daß jemand es wertschätzt, und dabei um seiner selbst wertgeschätzt werden und nicht um der subjektiv erfahrenen Befriedigung (Genuß, Erkenntnis, ästhetisches Erfreuen) willen, die dem Wertsetzer zuteil wird. Der Wert ist somit subjektiv und affektiv, aber auch intentional und nicht selbstreferentiell.«[18] Dieser Standpunkt wird bisweilen aus der von der

Tiefenökologie vertretenen These hergeleitet, der zufolge der Beweis für den Eigenwert der Natur darin liege, daß der nach Selbstverwirklichung (*self-realization*) strebende Mensch diese erst erreichen kann, wenn er mit der Natur eins wird.

Die nicht-anthropozentrische Lehre des Eigenwerts wirft insbesondere in ihrer »härtesten« Formulierung offensichtliche Probleme auf. Die Behauptung eines Werts an sich erscheint zunächst schwer haltbar. Ein Wert besteht seiner Definition nach nur im Vergleich zu dem, was nichts wert ist. Den Eigenwert außerhalb alles Verhältnismäßigen setzen zu wollen, hat somit etwas Paradoxes. Die Behauptung eines Werts, der vom Menschen – also von seiner Wahrnehmung und Darstellung durch den Menschen – unabhängig ist, der bestehen würde, selbst wenn der Mensch nicht (oder nicht mehr) existierte, läuft paradoxerweise auf einen Rückfall in den gerade überwunden geglaubten Anthropozentrismus zurück. Denn es ist eben eine dem menschlichen Geist eigene Neigung, den Wert nicht als eine Eigenschaft zu betrachten, die verschwindet, sobald sie nicht mehr wahrgenommen wird, sondern als »objektive« Eigenschaft der Sache selber. Kaum minder paradox wird es, aus der Behauptung des Werts eine moralische Verpflichtung abzuleiten: Der Mensch soll aufgrund ihres Werts Pflichten gegenüber der Natur haben, dieser Wert aber vollkommen von ihm unabhängig sein. Hier wird also aus der Definition eines als unabhängig von jeglicher Beziehung gesetzten Objekts eine Vorschrift für eine Beziehung hergeleitet.

Um schließlich ein bereits erwähntes Beispiel aufzugreifen, läßt sich aus dieser Perspektive unmöglich begründen, warum – wie viele Umweltethiker behaupten – die bedrohten Arten wichtiger sein sollten als die nicht vom Aussterben gefährdeten wilden Arten oder auch die Nutztiere und Nutzpflanzen. Denn wenn der Eigenwert als Wert an sich definiert, also wie ein kategorischer Imperativ behandelt wird, kann selbstverständlich keine natürliche Einheit als wertvoller betrachtet werden als eine andere. Der nicht-anthropozentrische Ansatz mündet somit in einen egalitären Biozentrismus, der den Besonderheiten der Arten ebensowenig Rechnung trägt wie der menschlichen Spezifik.

Sehr viel mehr spricht für die subjektivistische Version, wie sie Callicott vertritt. Allerdings stellt sich die Frage, ob sie wahrhaft »nicht-anthropozentrisch« ist. Allein ihr Zugeständnis, daß es keine Wertsetzung außerhalb des menschlichen Bewußtseins gibt, läßt daran Zweifel aufkommen. Callicott beruft sich darauf, daß in seinem System die Natur nicht im Bezug auf den menschlichen Nutzen wertgeschätzt wird, sondern *»um ihrer selbst willen«*. Um jedoch dem nicht-anthropozentrischen Kriterium zu genügen, müßte diese Wertsetzung nicht nur um ihrer selbst willen, sondern auch *in ihr selbst* erfolgen. Indes können natürliche Einheiten nicht *in sich selbst* wertgeschätzt werden, weil hier davon ausgegangen wird, daß es keinen objektiven nicht-anthropozentrischen Eigenwert *in* der Natur gibt. Wenn umgekehrt die Quelle jeglichen Werts im menschlichen Bewußtsein liegt, verweist die Wertschätzung und Wertsetzung, selbst wenn sie sich auf ein externes Objekt bezieht, doch auf ihre eigentliche Quelle zurück, nämlich auf den menschlichen Geist. Callicotts Theorie ist somit nicht wahrhaft nicht-anthropozentrisch. Vielmehr könnte man sagen, sie läuft auf eine »schwache anthropozentrische« Formulierung des Eigenwerts hinaus.[19]

Offenbar kommt man also um eine gewisse »Anthropozentrierung« nicht herum, und bei genauerer Betrachtung weisen sämtliche Eigenwert-Theorien entweder Widersprüche auf, die sie unbrauchbar werden lassen, oder subjektive Werturteile, deren zumeist ästhetische Basis (die Natur muß erhalten werden, weil sie schön ist) durch eine Rationalisierung *a posteriori* kaschiert wird. Der Wert an sich erscheint somit als reine Abstraktion – der Irrtum besteht darin, zugleich zu glauben, ein verhältnismäßiger Wert sei *ipse facto* ein instrumentalisierbarer Wert. In Wirklichkeit gibt es sehr wohl Verhältniswerte, die nicht instrumentalisierbar sind. Überdies ist ein Wert, ob er nun instrumentalisierbar ist oder nicht, immer ein Wert *für jemanden*. Folglich läßt sich eine gewisse menschliche Zentrierung bei der Darstellung der Natur niemals vermeiden, denn immer sind es Menschen, die solche Darstellungen vornehmen. Noch die am wenigsten anthropozentrische Theorie hat, eben weil sie eine Theorie ist, immer einen menschlichen Urheber.

Überdies bleibt die Frage offen, ob die Behauptung eines Eigenwerts der Natur zur Begründung einer ökologischen Ethik ausreicht. Um die Verpflichtung zur Achtung eines Werts nachzuweisen, genügt es nicht, seine Existenz zu belegen. So glauben einige Autoren wie John O'Neill oder Tom Regan zwar an den Eigenwert der Natur, halten ihn aber für unzureichend, um die aus ihm abgeleiteten Verpflichtungen unanfechtbar zu machen.[20] Andere kommen sogar zu dem Schluß, er lasse dem Menschen die Freiheit, auf der Erde nach eigenem Gutdünken zu handeln.[21]

*

Wenn der Mensch als einziges Lebewesen befähigt ist, eine Wertsetzung zu formulieren – bedeutet dies, daß der Wert der Natur lediglich Spiegelbild der Werte von Ökologen ist, die überzeugt sind, daß wir eine Umweltethik benötigten? Wie Callicott zu Recht feststellt, drängt sich diese Schlußfolgerung nur so lange auf, wie man dem Paradigma der kartesianischen Trennung zwischen Mensch und Natur, Wert und Sachverhalt, Körper und Geist verhaftet bleibt.

Den »naturalistischen Irrtum« (*naturalistic fallacy*) hat G. E. Moore schon vor gut hundert Jahren aufgezeigt.[22] Er besteht darin, ein Werturteil als Urteil über einen Sachverhalt mißzuverstehen oder umgekehrt. Zu sagen, daß die Natur »schön« sei, lehrt uns nichts über die Natur, sondern offenbart lediglich die Meinung, die wir uns über sie bilden. Moore fügt hinzu, das Wort »gut« sei in sich undefinierbar. Bereits David Hume hatte in seiner *Abhandlung über die menschliche Natur* (1777) die Verwechslung zwischen Sein und Sollen kritisiert, die dazu führt, aus einer schlichten Beobachtung eine präskriptive Norm abzuleiten, also Aussagen in den Imperativ zu setzen, die im Indikativ stehen sollten. Diese Argumentation wurde dann von Henri Poincaré und insbesondere von Hans Kelsen aufgegriffen, dem Theoretiker des Rechtspositivismus, der sich ausdrücklich auf Descartes beruft. Tatsächlich hat das kartesianische Denken eine radikale Trennung zwischen der Welt der Körper und der Welt der Geister vollzogen.

Die Welt der Körper (»natürliche« Welt) ließ sich anhand einer mechanistischen Physik erkennen und verstehen, die jenseits aller Ziele und Zwecke Aussagen über das Verhalten von Materie trifft. Die Domäne des Geists hingegen galt als Reich der Freiheit, in dem sich auf der Grundlage von Werten und Normen eine andere Art der Erkenntnis offenbarte. Kelsen systematisierte diese Unterscheidung zwischen Sein und Sollen für die Rechtsordnung und leitete daraus seine Kritik an jeder Form von Naturrecht ab: Die Naturwissenschaften befassen sich mit der Welt, wie sie ist, die »normativen« Wissenschaften mit dem Sollen. Der Dualismus von Sein und Sollen fällt für ihn zusammen mit dem Dualismus von Wirklichkeit und Wert; aus der Wirklichkeit läßt sich somit genausowenig ein Wert ableiten, wie sich von einem Wert auf die Wirklichkeit schließen läßt.[23]

Freilich bleibt dieser kartesianische Dualismus seinerseits *Theorie.* Zu sagen, von einem Sachverhalt lasse sich nicht auf einen Wert schließen, setzt überdies voraus, daß beide Bereiche bereits getrennt sein müssen. Resultiert der Grundsatz, der daraus abgeleitet werden soll, nicht seinerseits aus einem vorausgegangenen Werturteil? Und wie legitim ist diese Trennung, deren Möglichkeit schon mit einem Fragezeichen zu versehen ist, denn ein Werturteil ist *auch* ein Sachverhalt, während sich ein Sachurteil stets *auch* auf einen Wert stützt (und sei es nur die Wertsetzung des Gedankens, daß ein Sachurteil etwas wert ist und daß es der Norm entspricht, sich Urteile zu bilden)?

Die radikale Unterscheidung zwischen Sein und Sollen geht auf das kartesianische Naturverständnis zurück. Aber wird dieses Naturverständnis, das einen radikalen Bruch mit sämtlichen älteren Naturbegriffen bedeutet, nicht seinerseits von den heutigen Wissenschaften wieder in Frage gestellt, die weitgehend von der Vorstellung einer festgelegten, unbeweglichen Natur Abstand genommen haben? Indes ist es eben die Anerkennung des dynamischen Charakters der Natur, die – und zwar sogar aus einer Perspektive, die die Evolution für ein Werk des Zufalls hält – ermöglicht, ihr einen *telos* zuzuschreiben, einen Endzweck, der in eine vollendete *Form* übergeht. Daraus folgt, daß es innerhalb der Natur sehr wohl Wert gibt. So wie das Böse sich als Abwesenheit des Seins definieren läßt, ist das Gute mit der Fülle des Seins gleichzusetzen, und aus diesem Sein ist es wiederum möglich, ein Sollen abzuleiten (Thomas von Aquin: *Ens et bonum convertuntur*). »Das Gute ist Bestandteil des Seins als seine finale oder formale Ursache«, schreibt dazu Michel Villey. »Was könnte dann aber selbstverständlicher sein, als das Gute durch die Beobachtung der Natur erkennen zu wollen? Die Doktrin des Naturrechts, die bei den Juristen Tradition hat, ist *logisch* unanfechtbar. Man wird freilich den Zorn der Positivisten auf sich lenken, die bis zum Überdruß auf Humes Verbot pochen, das Sollen aus dem Sein abzuleiten. Die Schwäche ihrer Argumentation liegt in deren Prämissen: An ihrem Anfang steht die *Entleerung* der Natur und des Seins von ihrem axiologischen Gehalt. In der konkreten Natur und dem konkreten Sein gibt es mehr als den wissenschaftlichen *Sachverhalt*. Um die Eitelkeit der positivistischen Kritiken aufzuzeigen, genügt es, sich wieder auf den realistischen Naturbegriff des Altertums zu besinnen, der Natur jene Fülle zurückzugeben, welche die Denker der Neuzeit ihr mutwillig *amputiert* haben.«[24]

Ebendiesen Gedanken greift Hans Jonas aus umweltethischer Sicht auf. Eben weil sie den allgemeinen Rahmen der menschlichen Existenz bildet, spreche nichts dagegen, den Wert zu einer Eigenschaft der Natur zu erklären, sie also allein aufgrund ihrer Existenz wertzuschätzen. Die Natur *soll* bewahrt werden, weil ihre Existenz mit derjenigen des Menschen verbunden ist, so daß die »Pflicht zum Menschen« diejenige »zur Natur als der Bedingung seiner eigenen Fortdauer *und* als einem Element seiner eigenen existentiellen Vollständigkeit« beinhalte: Die Treue »zu unserem eigenen Sein« bilde »nur die höchste Spitze« der Treue, die wir der Natur schulden.[25]

Der beste Weg, die Aporien zu vermeiden, an denen die Eigenwert-Theorien scheitern, besteht demnach offenbar in der Überwindung des kartesianischen Paradigmas. Gibt man einmal zu, daß Mensch und Natur gleichermaßen in einem Verhältnis wechselseitiger Zusammengehörigkeit zueinander stehen, das sie untrennbar miteinander verbindet, ohne sie in irgendeiner Weise miteinander zu vermischen, dann gilt es nicht länger zu entscheiden, welches von beiden Subjekt oder Objekt des anderen ist. Es gibt nicht mehr die Wahl zwischen instrumentalisierendem Anthropozentrismus oder Nicht-Anthropozentrismus des Eigenwerts. Ganz im Gegenteil wird es möglich, *gleichzeitig* zu behaupten, daß die Natur einen inhärenten Wert besitzt und daß allein der Mensch sich eine Vorstellung von diesem Wert machen kann. Der Mensch, auch dies darf nun behauptet werden, ist als einziges Lebewesen befähigt, *Urteile* zu treffen, dennoch beruht der Wert nicht allein auf seinem Urteil, ist also nicht mit dem bloßen Sachverhalt der Wertsetzung zu verwechseln.

»Diese Flasche Wein ist nicht gut, weil sie mir schmeckt«, verdeutlicht Michel Villey. »Sie schmeckt mir, weil sie gut ist.« Genauso verhält es sich mit der Natur: Weil sie schön *ist*, empfinden wir sie als schön. Die Schönheit ist dem Objekt inhärent, obwohl allein der Mensch sie wahrnehmen und als solche definieren kann.

Nach dem Plädoyer für die »Rechte der Natur« und der Debatte um den Eigenwert haben sich einige Autoren diesen eher holistischen Ansatz zu eigen gemacht. Bryan G. Norton etwa stellt fest, daß »die Umweltethik erst dann erwachsen werden wird, wenn sie die Kategorien des kartesianischen Denkens hinter sich läßt«:

»Das Verständnis für ökologische Werte«, fügt er hinzu, »muß Hand in Hand gehen mit der Konstruktion eines epistemologisch-metaphysischen Paradigmas zugleich postmodernen und postkartesianischen Typs.«[26]

*

Ohne jeden Zweifel macht die ökologische Herausforderung eine geistige Wende zwingend notwendig. Vor allem müssen wir lernen, globaler zu denken, Zusammenhänge statt isolierter Phänomene zu sehen – die Welt weniger anthropozentrisch zu deuten, wenn man so will. Genausowenig darf man jedoch ins umgekehrte Extrem verfallen und glauben, der beste Weg, den Menschen daran zu hindern, sich die Erde untertan zu machen, bestehe darin, ihm jegliche Sonderstellung abzusprechen und ihn als eine natürliche Einheit unter Tausenden anderen in die Gesamtheit alles Lebendigen aufgehen zu lassen. Zu diesem Fehler neigt die Tiefenökologie, wenn sie einen egalitären oder reduktionistischen Biozentrismus predigt oder gar die *Einheit* der Welt als schlichte *Gleichheit* deutet, ohne zu bedenken, daß in einer wahrhaft holistischen Vorstellung das Ganze sich stets in verschiedene Ebenen unterteilt.[27] Daher steht sie vor einer falschen Alternative zwischen dem herrschenden Anthropozentrismus und der Weigerung, dem Menschen spezifische Merkmale zuzuerkennen, die ihn von anderen Lebewesen unterscheiden. Eine derartige Alternative schreibt unbeabsichtigt den kartesianischen Dualismus fort. Indes besteht die Aufgabe der Umweltethiker gerade in der Überwindung dieses Dualismus. Eine Entscheidung für die Kultur ist also keine Entscheidung gegen die Natur – wie bei jenen, die glauben, beide widersprächen einander ebenso wie Freiheit und Notwendigkeit –, noch ist eine Entscheidung für die Natur eine Entscheidung gegen die Kultur, wie jene meinen, die den einzigen wirksamen Umweltschutz im Aussterben des Menschen sehen. Im Gegenteil geht es darum, sowohl die aus dem Humanismus der Aufklärung entstandene Überzeugung zurückzuweisen, der zufolge die Anerkennung der menschlichen Würde bedeutet, sie der natürlichen Welt abzusprechen, als auch die Ideologie derjenigen, die – zweifellos von edleren Absichten getrieben – vergessen, was das Menschliche im eigentlichen Sinn ausmacht. Die menschliche Besonderheit anzuerkennen, legitimiert genausowenig die Beherrschung und Zerstörung der Erde, wie Schutz und Verteidigung der Natur die Leugnung dessen voraussetzen, was an der menschlichen Gattung einzigartig ist.

Genausowenig wie die Natur zu einem gänzlich vom Menschen dominierten Objekt werden darf, darf also der Mensch zu einem gänzlich von der Biosphäre beeinflußten Objekt werden. Das klare Bewußtsein dieses Verhältnisses gegenseitiger Zusammengehörigkeit, das beides verbietet, läßt sich weder aus der Moral noch aus dem Recht herleiten. Es zu definieren und solide zu begründen, bleibt letztlich Aufgabe der Philosophie.

Genau darum bemühte sich Heidegger, von dessen Denken sich mit Fug und Recht sagen läßt, es enthalte »die wichtigsten Bestandteile dessen, was heute als *Ökophilosophie* bezeichnet wird«.[28] Tatsächlich lehnt die Heideggersche Ontologie den Anthropozentrismus ab und ist doch auf ihre Art »anthropozentriert«. Sie vermeidet die falsche Alternative zwischen Humanismus und Naturalismus, die der kartesianische Dualismus hervorbrachte, indem sie betont, »Descartes ist nur überwindbar durch die Überwindung dessen, was er selbst begründet hat, durch die Überwindung der neuzeitlichen und d. h. zugleich der abendländischen Metaphysik«. Diesen Überwindungsakt begreift sie als »ursprüngliches Fragen nach dem Sinn, d. h. nach dem Entwurfsbereich und somit nach der Wahrheit des Seins, welche Frage sich zugleich als die Frage nach dem Sein der Wahrheit enthüllt«.[29] Somit entwirft sie die Prämissen für ein anderes Verhältnis zur Welt, zugleich Abschluß mit der Metaphysik und Neuanfang.

Heidegger kritisiert ebenfalls den abstrakten Humanismus und die Reduzierung der Natur auf den Zustand eines gänzlich in Besitz zu nehmenden Objekts. In dieser Hinsicht vollzieht er eine Dekonstruktion des auf der Metaphysik der Subjektivität und der entfesselten Technik begründeten neuzeitlichen Anthropozentrismus. Er zeigt, daß dieser Humanismus, der in Wahrheit mit Platon beginnt, die Menschheit nur unter Bezugnahme auf eine Weltdeutung zu bestimmen und zu begreifen vermag, die die Natur zum Objekt macht. Diese Deutung des Seienden lasse keinerlei Infragestellung ihrer Grundlagen zu. Zugleich entlarvt Heidegger den Willen zur Macht als Willen zum Willen und somit als Unwahrheit. Die Bedrohung, die der Mensch für die Erde darstellt, ist für ihn immer die Bedrohung des Seins durch das Seiende – »insofern als«, so Jean Beaufret, »sich am Horizont der Technik nichts mehr als Seiendes anbietet bis auf das, was zur Verschaffung dessen geeignet ist, woraus sich seitens des Menschen eine wachsende Dominanz über das Seiende speist, oder anders gesagt: geeignet dem Menschen, da er sich als Herrscher über die Erde aufspielt, zu verschaffen, womit er sein gehorsames Imperium immer weiter vergrößern kann«.[30]

Gleichzeitig hütet Heidegger sich jedoch wohlweislich davor, dem Menschen die Grundlage dessen zu entziehen, was ihn zum Menschen macht. Ganz im Gegenteil verleiht er ihm eine unerhörte Würde. Denn allein der Mensch *wohnt* auf der Erde, alle anderen Lebewesen existieren lediglich auf ihr. Allein der Mensch *stirbt*, das heißt er allein ist des Tods im eigentlichen Sinn fähig. Als einziges Seiendes kann der Mensch sein Wesen so entfalten, daß »Lichtung« und Da-sein des Seins entstehen, als einziges Seiendes existiert er erst, indem er die Möglichkeiten des Seins *ent-wirft*, als einziges Seiendes bezieht er seine Würde daraus, daß er durch das Sein zum Hüter über dessen Wahrheit aufgerufen ist. Der Mensch definiert sich als »Hirte des Seins«, der Zeugnis vom Sinn der Dinge ablegt, indem er eine Welt baut. Seine Sprache ist das »Haus«, dessen Wesen sich in diesem hermeneutischen Verhältnis niederschlägt, dem zufolge ihm die Obhut über die Wahrheit des Seins anvertraut ist.

Der Begriff der »Welt« ist also nur von der Frage nach dem *Da-sein* ausgehend zu verstehen, und diese Frage bleibt stets inbegriffen in der noch grundsätzlicheren Frage nach dem Sinn des Seins. Die Natur, bei Hölderlin das »wunderbar Allgegenwärtige«, ist kein Sonderbereich des Seienden, sondern vielmehr jenes Wachstum (*physis*), das sich durch eine ständige Rückkehr zum Ursprung entfaltet, Ruhe und Bewegung zugleich, Vergegenwärtigung und Öffnung für die Wahrheit.

»Die Sterblichen wohnen, insofern sie die Erde retten«, schreibt Heidegger, »– das Wort in dem alten Sinne genommen, den Lessing noch kannte. Die Rettung entreißt nicht nur einer Gefahr, retten bedeutet eigentlich: etwas in sein eigenes Wesen freilassen. Die Erde retten ist mehr, als sie ausnützen oder gar abmühen. Das Retten der Erde meistert die Erde nicht und macht sich die Erde nicht untertan, von wo nur ein Schritt ist zur schrankenlosen Ausbeutung.« [31] Die Frage nach den »Rechten« der Biosphäre und den Pflichten des Menschen klammert Heidegger somit vollkommen aus. Statt dessen fordert er dazu auf, die Natur in ihrer ursprünglichen Würde »freizulassen«, und setzt im selben Zug den Menschen als denjenigen, dessen *Dasein* es möglich macht, die Wahrheit des Seins zu begreifen und einen

Neuanfang zu wagen. Der Mensch bewohnt die Erde poetisch. Erde und Himmel, Menschen und Götter sind einander in einem Verhältnis wechselseitiger Verantwortung, wechselseitiger Zusammengehörigkeit als *Geviert* verbunden. »Das Geviert, die Erde zu retten, den Himmel zu empfangen, die Göttlichen zu erwarten, die Sterblichen zu geleiten, dieses vielfältige Schonen ist das einfache Wesen des Wohnens.«[32] Ernst Jüngers Bild eines Kampfs zwischen Titanen und Göttern veranschaulicht diese Problemlage in profunder Weise. Aus der Umklammerung der »Titanen«, die die Erde zerstören und die Menschlichkeit des Menschen gefährden, können nur noch die »Götter« retten.

1 Holmes Rolston III, *Environmental Ethics. Duties to and Values in the Natural World*. Temple University Press, Philadelphia 1988, S. 1.

2 Gifford Pinchot, *Breaking New Ground*. Island Press, Washington, 1947, S. 325.

3 Aldo Leopold, »The Land Ethic«, in: *A Sand County Almanach*. Oxford University Press, Oxford 1949; Neuauflage New York 1966, S. 240.

4 Eins der ersten Bücher, die zu diesem Thema erschienen, befaßte sich mit einer Rechtsfrage, in der der Oberste Gerichtshof der USA zum damaligen Zeitpunkt urteilen mußte: Christopher Stone, *Should Trees Have Standing? Toward Legal Rights for Natural Objects*. William Kaufman, Los Altos 1972. Zahlreiche weitere Veröffentlichungen folgten, darunter John Passmore, *Man's Responsibility for Nature. Ecological Problems and Western Traditions*. Duckworth, London 1974; Peter Singer, *Animal Liberation. A New Ethic for Our Treatment of Animals*. New York Review – Random Press, New York 1975; David Ehrenfeld, *The Arrogance of Humanism*. Oxford University Press, New York 1978; Norman Myers, *The Sinking Ark*. Pergamon Press, Oxford 1979. Einen detaillierten Überblick zur Entwicklung der Debatte bietet Roderick Frazier Nash, *The Rights of Nature. A History of Environmental Ethics*. University of Wisconsin Press, Madison 1989. Vgl. auch einige der wichtigsten Artikel, die in diesem Zeitraum in der Zeitschrift *Environmental Ethics* erschienen: Charles Hartshorne, »The Rights of the Subhuman World«, 1979, S. 49–60; Richard A. Watson, »Self-Consciousness and the Right of Non-Human Animals and Nature«, 1979, S. 99–129; William Godfrey-Smith, »The Rights of Non-Humans and Intrinsic Values«, 1980, S. 30–47; Anthony Povilitis, »On Assigning Rights to Animals and Nature«, 1980, S. 67–71; Tom Regan, »Animal Rights, Human Wrongs«, 1980, S. 99f.; Scott Lehmann, »Do Wildernesses Have Rights?«, 1981, S. 167–171; Bryan G. Norton, »Environmental Ethics and Nonhuman Rights«, 1982, S. 17–36; George S. Cave, »Animals, Heidegger, and the Right to Life«, 1982, S. 249–254; Alastair S. Gunn, »Traditional Ethics and the Moral Status of Animals«, 1983, S. 133–154; Peter Miller, »Do Animals Have Interests Worthy of Our Moral Interest?«, 1983, S. 319–333.

5 J. Baird Callicott, *In Defense of the Land Ethic. Essays in Environmental Philosophy*. State University of New York Press, Albany 1989, S. 163.

6 Vgl. insbesondere R. M. Chisholm, »Intrinsic Value«, in: A. E. Goldman und J. Kim (Hrsg.), *Values and Morals*. Reidel, Dordrecht 1978.

7 Arne Næss, »A Defense of the Deep Ecology Movement«, *Environmental Ethics*, 1984, S. 266. Vgl. auch Arne Næss und Rothenberg,

Ecology, Community and Lifestyle. Cambridge University Press, Cambridge 1989. Dort wird Eigenwert definiert als »von unserer Bewertung unabhängiger« Wert (S. 11).

8 Dies ist die klassische philosophische Sichtweise, wie sie G. E. Moore vertritt. Vgl. ders., »The Conception of Intrinsic Value«, in: *Philosophical Studies*, Routledge & Kegan Paul, London 1922, S. 260.

9 Zur Unterscheidung zwischen der ersten und dritten Auslegung verwenden manche Autoren unterschiedliche Begriffe. J. Baird Callicott spricht, wie wir noch sehen werden, von »inhärentem Wert«, um den nicht-instrumentellen Wert zu bezeichnen, und von »Eigenwert« zur Bezeichnung des absoluten Werts. (»Intrinsic Value, Quantum Theory, and Environmental Ethics«, *Environmental Ethics*, 1987, S. 257–275, nachgedruckt in: ders., *In Defense of the Land Ethic*, a. a. O.) Dummerweise verwendet ein anderer Autor, Paul W. Taylor, die beiden Begriffe in genau umgekehrter Bedeutung. (*Respect for Nature. A Theory of Environmental Ethics.* Princeton University Press, Princeton 1986, S. 68–77.)

10 John O'Neill, »The Varieties of Intrinsic Value«, *The Monist*, April 1992, S. 125. Vgl. auch William Godfrey-Smith, »The Value of Wilderness« *Environmental Ethics*, 1979, S. 309–319. Robert Elliot (»Intrinsic Value«, *The Monist*, April 1992, S. 138–160) verteidigt hingegen den Gedanken, die Natur im wilden Zustand habe allein aufgrund ihrer »Natürlichkeit« einen Eigenwert. Um das Problem noch komplizierter zu gestalten, beruft er sich auf den Begriff der »aufwertenden Eigenschaften« (*value-adding properties*): Eigenschaften, von denen sich behaupten läßt, daß sie zur Verbesserung eines Objekts beitragen, das ohne sie weniger zufriedenstellend wäre. Daraus wiederum leitet er die moralische Verpflichtung zu einem konsequenten Streben nach Maximierung ab. Eine Handlung ist demnach moralisch notwendig, sofern sie den Eigenwert eines betreffenden Objekts quantitativ maximiert. Das Problem bleibt indes bestehen, weil unklar ist, im Verhältnis wozu sich beurteilen läßt, ob etwas zusätzlichen Wert schafft oder nicht. Elliot erläutert überdies, die aufwertenden Eigenschaften müßten nicht unbedingt dem Objekt innewohnen, das sie aufwerten, sondern sie könnten genausogut verhältnismäßige Eigenschaften sein.

11 D. Woster, *Nature's Economy.* Cambridge University Press, Cambridge 1985, S. XI.

12 *Respect for Nature*, a. a. O.

13 Holmes Rolston, *Environmental Ethics*, a. a. O. Vgl. auch ders., »Are Values in Nature Subjective or Objective?«, *Environemntal Ethics*, 1982, S, 132–149 (nachgedruckt in *Philosophy Gone Wild.* Prometheus Books, Buffalo 1986.)

14 J. Baird Callicott, *In Defense of the Land Ethic*, a. a. O. Vgl. auch »Non-Anthropocentic Value Theory and Environmental Ethics«, *American Philosophical Quarterly*, 1984.

15 Paul W. Taylor, »Are Humans Superior to Animals and Plants?«, *Environmental Ethics*, 1984, S. 151.

16 Vgl. J. Baird Callicott, »Intrinsic Value, Quantum Theory, and Environmental Ethics«, a. a. O. Zu Callicott vgl. Jim Cheney, »Intrinsic Value in *Environmental Ethics*. Beyond Subjectivism and Objectivism«, *The Monist*, April 1992, S. 227–235.

17 J. Baird Callicott, *In Defense of the Land Ethic*, a. a. O., S. 170.

18 Ebenda, S. 133. Vgl. auch J. Baird Callicott, »Just the Facts, Ma'am«, *The Environmental Professional*, 1987, S. 279–288; und ders., »Rolston on Intrinsic Value. A Deconstruction«, *Environemntal Ethics*, 1992.

19 Vgl. dazu Eugene C. Hargrove, *Foundations of Environmental Ethics*. Prentice-Hall, Eaglewood Cliffs, 1989; und ders., »Weak Anthropocentric Value«, *The Monist*, April 1992, S. 183–207.

20 Vgl. John O'Neill, a. a. O., S. 119–137, Tom Regan, »Does Environmental Ethics Rest on a Mistake?«, *The Monist*, April 1992, S. 161–182.

21 Vgl. H. J. McCloskey, *Ecological Ethics and Politics*. Rowman & Littlefield, Totowa 1983; Anthony Weston, »Between Means and Ends«, *The Monist*, April 1992, S. 236–259.

22 G. E. Moore, *Principia Ethica*. Cambridge University Press, Cambridge 1903.

23 Hans Kelsen, *Allgemeine Theorie der Normen*, hrsg. von Kurt Ringhofer und Robert Walter. Manz, Wien 1979.

24 Michel Villey, *Philosophie du droit*, Band 2: *Les moyens de droit*. Dalloz, 1984, S. 129f.

25 Hans Jonas, *Das Prinzip Verantwortung*, a. a. O., S. 246.

26 Bryan G. Norton, »Epistemology and Environmental Values«, *The Monist*, April 1992, S. 208–226. Vom selben Autor stammt ein wichtiges Buch zum Thema: *Toward Unity Among Enviromentalists*. Oxford University Press, New York 1991 (siehe insbesondere Kapitel 12). Eine ähnliche Sichtweise vertritt Eric Katz, »Searching for Intrinsic Values«, *Environmental Ethics*, 1987, S. 235f.

27 Dominique Bourg kommentiert die Thesen der Tiefenökologie folgendermaßen: »Der Mensch ist nicht länger Schöpfer von Werten, sondern muß sein Verhalten dem allgemeinsten Rahmen der Natur anpassen. [...] Im Namen der gegenseitigen Abhängigkeit, die sie zusammenbringt und ihre Existenz bestimmt, wird jeder Gattung das gleiche Existenzrecht zugesprochen wie allen anderen Gattungen. Die Existenz jeder Gattung wird zum Selbstzweck. [...] Die Besonderheit der Gesellschaftswirklichkeit, die Überlegenheit der

Kultur über die Natur werden ebenfalls geleugnet« (»Droits de l'homme et écologie«, *Esprit*, Oktober 1992, S. 86f.).

28 Alain Renaut, »Naturalisme ou humanisme? Discussion de Lévi-Strauss«, in: *Sujet de droit et objet de droit. L'homme est-il seul sujet de droit?* Presses universitaires de Caen, Caen 1992, S. 122.

29 Martin Heidegger, *Holzwege*. (Erstausgabe: Frankfurt am Main, 1950) 8. Auflage, Vittorio Klostermann, Frankfurt am Main 2003, S. 100.

30 Jean Beaufret, *Dialogue avec Heidegger*. Band 4: *Le chemin de Heidegger*. Minuit, Paris 1985, S. 105f.

31 Martin Heidegger, »Bauen, wohnen, denken«, in: ders., *Vorträge und Aufsätze*. Teil III, Neske, Pfullingen, 1954, S. 159.

32 Ebenda.

Personenregister

Zum Autor

Alain de Benoist, geboren 1943 in Saint-Symphorien (Indre-et-Loire), studierte Jura, Philosophie und Religionswissenschaften. Heute lebt er als Publizist in Paris und ist Herausgeber der Zeitschriften *Nouvelle École* und *Krisis* sowie ständiger Mitarbeiter der Zeitschrift *Eléments* und Autor der Berliner Wochenzeitung *Junge Freiheit.*

Wichtigste Buchveröffentlichungen in deutscher Sprache: *Die entscheidenden Jahre. Zur Erkennung des Hauptfeindes* (1982), *Aus rechter Sicht* (2 Bde., 1983/84), *Kulturrevolution von rechts* (1985), *Demokratie. Das Problem* (1986), *Aufstand der Kulturen. Europäisches Manifest für das 21. Jahrhundert* (1999/2003), *Totalitarismus. Kommunismus und Nationalsozialismus – die andere Moderne. 1917–1989* (2001), *Schöne vernetzte Welt. Eine Antwort auf die Globalisierung* (2001), *Die Wurzeln des Hasses. Ein Essay zu den Ursachen des globalisierten Terrorismus* (2002), *Die Schlacht um den Irak. Die wahren Motive der USA bei ihrem Kampf um die Vorherrschaft* (2003), *Carl Schmitt. Bibliographie seiner Schriften und Korrespondenzen* (2003), *Carl Schmitt und der Krieg* (2007), *Wir und die anderen* (2008), *Abschied vom Wachstum. Für eine Kultur des Maßhaltens* (2009), *Am Rande des Abgrunds. Eine Kritik der Herrschaft des Geldes* (2012), *Mein Leben. Wege eines Denkens* (2014) und *Der populistische Moment. Die Links-Rechts-Spaltung ist überholt* (2022).